高职高专公共课系列教材

演讲与口才

主　编　殷艳芳　赵　博　王佳琦
副主编　赵会珍　史裕曙　刘泽晓　赵鑫

西安电子科技大学出版社

内容简介

本书以口才运用基本知识为基础，结合高职院校学生“岗课赛证”综合育人的教育理念，侧重日常口语表达交流和职场口才运用、普通话水平测试、演讲比赛参赛技能等内容的介绍，对日常社交口才的运用与提高、职场口才的艺术表达与应用、朗诵演讲能力的训练与提升等作了较为全面而系统的阐述。

本书结构清晰、通俗易懂、内容丰富，不仅可作为高职高专公共课程教学用书，也可作为广大青年朋友提升口才水平的参考用书。

图书在版编目 (CIP) 数据

演讲与口才 / 殷艳芳，赵博，王佳琦主编. -- 西安：西安电子科技大学出版社，2024.9（2025.7 重印）
ISBN 978-7-5606-7064-5

Ⅰ. ①演… Ⅱ. ①殷… ②赵… ③王… Ⅲ. ①演讲—高等职业教育—教材 ②口才学—高等职业教育—教材 Ⅳ. ① H019

中国国家版本馆 CIP 数据核字 (2023) 第 178746 号

YANJIANG YU KOUCAI

策　　划　秦志峰　杨航斌
责任编辑　秦志峰
出版发行　西安电子科技大学出版社 (西安市太白南路 2 号)
电　　话　(029)88202421　88201467　　邮编　710071
网　　址　www.xduph.com　　电子邮箱　xdupfxb001@163.com
经　　销　新华书店
印刷单位　陕西博文印务有限责任公司
版　　次　2024 年 9 月第 1 版　　2025 年 7 月第 2 次印刷
开　　本　787 毫米 ×1092 毫米　1/16　印张　10.5
字　　数　245 千字
定　　价　39.00 元
ISBN 978-7-5606-7064-5

XDUP 7366001-2

前言

语言体现智慧，口才充满力量。当今社会竞争日益激烈，对职场人的要求也越来越高，除了专业技术能力，对职业辅助能力的要求也在逐年提升。用人单位“招贤纳士”，多以良好的沟通能力作为基本的任职要求。因此，良好的口语表达能力和出色的人际交往能力已经成为大学生的基本必备技能。

本书是我院“演讲与口才”课程教学团队多年来一线教学经验的总结。具体来说，本书具有以下特点。

● 提升素养，铸魂育人

本书积极落实立德树人的根本任务，以培养学生正确的世界观、人生观、价值观为己任，将感恩意识、责任意识、团队合作精神、中华传统美德等融入课程内容，积极引导学生建立和谐融洽的人际关系，提高交际水平，潜移默化地提升学生的综合素养。

● 赛教结合，课证融通

编写本书的教学团队长期从事“演讲与口才”课程理论和实践研究，具有丰富的教学经验。他们在培养和指导学生参加比赛方面，连续举办 6 届校级演讲技能大赛，作为指导教师和评委老师，积累了丰富的演讲实践经验；2020 年、2021 年连续两年指导学生参加国防教育主题演讲比赛，获得省级优秀奖；2021 年指导学生参加河北省大学生网络文化节，获得音频作品二等奖；2022 年指导学生参加河北省大学生网络文化节公益广告音频作品征集活动，获得三等奖；2022 年指导学生参加第五届全国大学生网络文化节音频征集活动，获得国家优秀奖。本书普通话训练章节中的内容对标普通话水平测试，可帮助学生考取普通话水平等级证书，为学生未来就业创造更多有利条件。

● 体例新颖，案例引导

本书按照项目任务式学习方式编排内容，以任务为驱动，以案例为导向，全面翔实地阐述了与口才相关的理论知识，侧重口语表达应用实训练习，以增强口语实践运用能力。每个项目首先明确学习目标，使学生学习更有针对性和目的性。每个任务首先通过课程案例列举了本项目的典型实例，生动形象地展示了学习内容；然后通过课前练习引发学生深入思考，带着问题开始学习；最后通过课后练一练巩固理论知识的学习。

● 平台支持，资源丰富

本书配有微课视频、礼仪指导等多种课程资源，以二维码形式呈现在书中，为演讲与口才的学习提供了更多、更丰富的立体化学习资源。

本书由殷艳芳、赵博、王佳琦担任主编。项目一和项目六由赵会珍编写，项目二由殷艳芳编写，项目三由史裕曙编写，项目四由刘泽晓、赵博、赵鑫、王佳琦共同编写，项目五和项目七由赵博编写。编者在编写本书的过程中，得到了尹邯平、赵胜潮、王京、赵宏杰、李莉、关昕婷、冯梅英、窦薇、金少卿等老师的大力帮助，在此表示感谢。

我们在编写本书的过程中参阅了大量的文献资料，并借鉴了教育同仁们的一些研究成果，在此一并表示衷心的感谢。

由于编者水平有限，书中难免存在不足之处，恳请广大读者提出宝贵意见。

编　者

2023 年 8 月

目录

项目一 认知口才

知识目标

(1) 了解口才的含义及学习口才的意义。
(2) 掌握好口才的评定标准。

技能目标

(1) 能够分析演讲与口才的联系与区别。
(2) 掌握口才训练的基本方法。

情感目标

(1) 在交往中学会尊重他人。
(2) 培养良好的人际关系。

任务一 认识口才

课程案例

案例一

从前有人请朋友来家里聚会，酒菜都已上齐，时间已近中午，但还有一些客人没来。主人心里着急，随口便说了一句："哎！客怎么这么难请啊！该来的客人还不来！"这时大家正为不开饭而气恼，一些较敏感的客人听到主人这番话后，就在心里犯起了嘀咕："主人说该来的不来，难道说我是不该来的？"于是，有几个人就悄悄地走了。

主人一看，心想不仅该来的没来，来了的还走了好几位，急得又说了一句："怎么不该走的又都走了呢？"留在聚会上的客人一听，心想："走了不该走的，看来我们才是该走的！”于是又有几个人愤然离席了。

最后只剩下一位与主人最亲近的朋友，他看到难过的主人，就对他说：“你怎么能这样说话呢？说话之前也不考虑别人的感受，话说错了，人也都得罪了。”主人一听，十分冤枉，急忙解释说：“我可没叫他们走啊！”朋友听了大为恼火，说：“你不是叫他们走，那就是叫我走喽！看来我才是那个最该走的人！”说完，他头也不回地离开了。就这样，这个宴席最后又剩下主人一个人在那儿发呆。

案例二

纪昀，字晓岚，清代乾隆年间的著名才子，知识渊博，能言善辩，深得皇上重用。清乾隆三十八年，乾隆下令开设四库全书馆，任命纪晓岚为《四库全书》的总纂官。下面要讲的故事传说就是在纪晓岚任职总纂官期间发生的。

话说，有一年正值盛夏，天气炎热，纪晓岚不耐酷暑，于是便脱掉上衣光着膀子，把辫子盘在头顶审阅书稿。谁知碰巧当天乾隆前来巡视，听到脚步声时，纪晓岚已经来不及穿好衣服了，而衣冠不整面见皇帝必然获罪，于是他便钻到桌子底下借着桌子上的帷幕把自己藏了起来。不料这一幕恰被乾隆看在眼里，乾隆一面让大家照常工作，一面走到纪晓岚的座位上悄然坐下。纪晓岚在桌子底下待了许久，汗流浃背，又听到馆中一片寂静，就拨开帷幕探出头来问：“老头子走了吗？”话刚出口就看见乾隆正生气地坐在自己的位子上。只听乾隆一声厉喝：“好你个大胆无礼的纪晓岚，敢称当今圣上为‘老头子’！今天你能说得清楚还便罢了，如若说不清楚——推出去斩了！”纪晓岚的命能保得住吗？馆内的人都为纪晓岚捏了一把汗。

只见纪晓岚穿好衣服，先是向皇帝俯伏请罪，然后从容地答道：“皇上您万寿无疆，天下臣民皆呼皇上您为万岁，万岁不能称‘老’吗？皇上您顶天立地，至高无上，是天下万民之首，首不就是‘头’吗？皇上您贵为天子，以天为父，以地为母，故称您为‘子’。这便是我称您为‘老头子’的原因啊。”

乾隆听了他的解释，非常开心，不但没有责罚纪晓岚，反而奖赏了他。

想一想

1. 案例一中的主人犯了什么错误而导致最后客人都走了？
2. 案例二中的纪晓岚为什么能转危为安？
3. 这两个案例对你有什么启发？

提示解析

案例一中的主人由于不会说话，在说话时不考虑语境，结果搞砸了整场聚会。案例二中的纪晓岚由于会说话而化险为夷，免除了杀身之祸。这两个案例充分说明了现实生活中口才的重要性。现实生活中，如果说话不当，就会在无形中伤害别人，破坏自己的人际关系。当然，要想有优秀的口才，不仅需要具有良好的口头表达能力，还需要敏捷的反应能力、扎实的学识积累和长年不断的练习。

课前练习

谈谈你在现实生活中接触过的有关说话的典型案例，分享“会说话”给你带来的美妙瞬间，或者“不会说话”给你带来的尴尬瞬间。

通过课前练习可以发现，好口才在现实生活中具有重要意义。会说话虽然不一定能避免杀身之祸，却一定可以给工作和生活带来很多帮助。虽然我们每天都在说话，可是未必都会说话，尤其是说出既能实现自己的交际目的又能让别人愿意听的话。因此，说话是一门艺术，说话是需要有口才的。那么什么是口才？

一、口才的定义

口才在《现代汉语词典(第7版)》中的定义为：“口才是说话的才能。”具体而言，口才是指在口语交际中人们运用准确、得体、生动、巧妙的语言实现自己的交际目的，圆满完成自己的交际任务的口语表达艺术和技巧。简单地说，口才就是在恰当的时机说恰当的话，通过恰当的表达实现自己的交际目的。

良好的口才离不开个人的道德素养、心理素质、学识积累、思维能力、语言表达能力、非语言表达手段等综合素质的支撑。可以说，口才是一个人综合素质的反映。在说话、交谈、辩论、演讲、谈判、求职等语言交际活动中，口才表现为以个人的综合素质为支撑的口语规范表达。那么怎样才算是有口才呢？好口才又有什么标准呢？

二、好口才的标准

在现实生活中，有两种人非常常见。一种人遇事口不能言，显然，这一类人肯定是没有口才的；还有一种人与人交谈起来滔滔不绝，让人不知所云，这种人容易给人造成一种会说话的假象，事实上这也不是真正的有口才。有口才的人言不在多，达意则灵。一个会说话的人，在与人交流时往往能做到因时、因地、因人、因事适时调整自己的口语表达内容及方式，最终实现自己的交际目的。总结起来，好口才的标准有言之有物、言之有文、言之有序、言之有理、言之有情、言之有礼六个方面。

1. 言之有物

所谓言之有物，是指说话要有内容，不能空洞无物。为了做到言之有物，需要弄清交际的目的，并围绕交际目的展开自己的话题。例如，此次交流的目的是传递放假的信息，那么信息里就要交代清楚哪些人可以放假、放假的具体时间以及假期里的注意事项等。每一次说话都要弄清楚交流的目的，带着目的交流才能有的放矢。

2. 言之有文

所谓言之有文，是指说话要有文采。孔子说：“言之无文，行而不远。”有文采的语言听众才会乐意听，而乐意听是实现交际目的的前提。比如，说一个女人瘦，如果只是客观地报一下“腰围一尺六”固然可以，但远不如说她“杨柳细腰”生动。这里的“杨柳细腰”就比“腰围一尺六”更有文采。因为将腰比作杨柳，不仅让听众了解了她腰细的事实，还引起了听众的联想——由杨柳枝条在风中摇曳的动感联想到了美女婀娜的行走姿态，这就是有文采的语言。

在口语交际中，可以通过使用修辞手法来增强语言的文采。有时可以利用联想和想象让自己说的话更有趣、更形象。例如，孔子以“逝者如斯夫，不舍昼夜”来描述时间，把时间比作江河，让抽象的时间流逝变得具体可感了。

3. 言之有序

所谓言之有序，是指说话要讲究顺序，即先说什么后说什么。在交谈中弄清楚先后顺序，有助于语言条理清晰，而语言的先后顺序也会影响到交际的效果。例如，“屡战屡败”和“屡败屡战”，同样的四个字只是交换了一下词的顺序，传达的意思却截然不同。“屡战屡败”带有明显的消极色彩，让人感受到的是战争形势的不利；“屡败屡战”虽然也是失败，但让人感受到的却是一种不屈的意志。做到言之有序，将更有利于实现我们的交际目的。

4. 言之有理

所谓言之有理，是指说话要讲道理，即在交谈中要有理有据、以理服人。具体而言，言之有理指的是在交谈中要观点鲜明、论据翔实、论述合理且严谨周密，使听者既能明白你的观点，又能认可你的观点。俗话说：“有理走遍天下，无理寸步难行”，口语交际的目的就是有效沟通，达成共识。要想做到言之有理，就要着重做到以下两点：

1) 观点清晰

在进行交际时，必须亮出自己的观点，表明自己的态度，是支持还是反对要表达得清清楚楚。如果自己的观点不明确，甚至左右摇摆，又怎么能说服别人认可自己的观点呢？

2) 论据翔实

只有观点而没有佐证材料，也无法令人信服。说服别人要做到有理有据。事实论据是说服对方的有效材料。在交际中要学会使用事实论据来证明自己的观点。

当然，佐证材料除了事实论据，还有道理论据。除此之外，在论述时还要做到论述严谨，不要出现逻辑漏洞。如果在论述中能用对方的观点说服对方，那么效果会更好。下面举一个例子来说明。

明代哲学家王阳明在龙场任职期间，曾经抓获了一名当地的强盗首领。在审问强盗时，强盗说：“反正我难逃一死，要杀便杀，别给我讲什么道德廉耻，我从来都没想过，也不想听。”王阳明说：“好，咱们不谈道德廉耻。今天天气太热，咱俩先把外衣脱了我再来审案吧！”强盗正想松快松快呢，于是很高兴地把外衣脱了。只听王阳明又接着说：“哎呀，还是很热呀！咱俩把内衣也脱了吧！”强盗又照做了。于是，在公堂之上王阳明与强盗都光着膀子。

不一会儿王阳明又发话了：“不行，还是热！我们把裤子也脱了吧！”强盗愣了半天，还是照做了。至此，公堂上的两个人只剩下了一条内裤。最后王阳明又来了个提议：“这么热，干脆咱俩把内裤也脱了，落得个轻松自在！”

此时，强盗一个劲地摇头：“这怎么行？不行不行，不能再脱了！”于是，王阳明就此指出："为什么不能再脱掉内裤呢？说明你内心还是有羞耻感的，而羞耻感不正是你内心道德良知的表现吗？看来我还是可以跟你讲道德廉耻的！"至此，强盗被王阳明彻底说服，乖乖地认罪伏法了。

在该案例中，强盗一开始很不配合，王阳明对此并没有驳斥，而是借助脱衣服因势利导，指出其前后矛盾之处，从而"以子之矛攻子之盾"，使其最终心服口服地认罪伏法了。

5. 言之有情

所谓言之有情，是指说话要饱含感情，以情动人。也就是说，说话要有人情味，对人要心怀善意，顾及对方的感受，不说伤害对方的话，即所谓的"良言一句三冬暖，恶语伤人六月寒"。例如，不能对有生理缺陷的人谈其缺陷，不能谈别人的隐私。为了做到这一点，可以在说话时多换位思考。如果自己不想让别人这样对待自己，那自己也不要这样对待别人，正所谓"己所不欲，勿施于人"。

言之有情还要注意以声传情，汉语不同的语调、语速和语音轻重变化以及不同的态势语言都可以传达不同的情感。例如，"讨厌"既可以传达厌恶的情感，也可以传达撒娇的情感，这取决于用什么样的语速、语调进行表达。

6. 言之有礼

所谓言之有礼，是指说话要有礼貌。礼貌在日常交际中首先表现为说话用语要文明。例如，与人打招呼要用敬语，不给别人起侮辱性的外号等。言之有礼需以内在的尊重为前提。首先要尊重对方的人格，言语中不能带有侮辱他人人格的语言；其次要尊重对方的自尊心，自尊心是每个人情感的底线，自尊心受伤引起的心理创伤很难愈合；最后要尊重对方的发言权，尤其是当有人发表的言论与自己的观点相左时，不要随意打断对方的讲话，应尊重对方表达自己观点的权利。在人际交往中，只有尊重对方才可能赢得对方的好感，才能使交谈继续下去。因此，在日常交流中要体现出礼貌、礼节，要从内心尊重对方，在语言表达方面要注意选择合适的话语来传情达意。例如，下面两组对话分别是两个年轻小伙子(分别用甲、乙来代表)和一位老大爷的交谈，大家预判一下哪位小伙子会和大爷愉快地交谈下去。

甲：大爷，您今年高寿啊？身体可还硬朗？(关心)

乙：老头，今年多大了？我看你牙都掉光了吧，吃饭还香吗？(嘲笑的口吻)

显然，甲的问话充满了对老年人的关心与尊重，非常有礼貌；乙则傲慢无礼，甚至还带着嘲笑的口吻。哪个对话能够顺利进行是不言而喻的。在日常交际中，言谈有礼貌是最基本的标准。

由此可见，在交谈时具备了言之有物、言之有文、言之有序、言之有理、言之有情、言之有礼这六要素，才能称之为有口才。

三、口才的类型

依据不同的标准，口才可以分成不同的类型。按照行业的不同，口才可分为主持口才、教师口才、导游口才、律师口才、外交口才、商务口才等。按照功能用途的不同，口才可分为日常交际口才、演讲口才、职场应用口才，如求职口才、谈判口才、营销口才等。

由此可见，口才与演讲是包含与被包含的关系。口才包含演讲，演讲是众多口才中的一类，个人通过演讲可以充分展现其口才魅力。

四、学习口才的意义

自古以来，人们就重视口才在国家发展和社会交往中的作用。古人曾用“一人之辩，重于九鼎之宝；三寸之舌，强于百万之师”来评价口才的重要性和贡献。随着时代的发展，人们的交际范围不断扩大，利用口才的机会也越来越多，无论是日常生活中的讨价还价、人际关系的处理，还是社交活动的开展，抑或是职场中的求职面试、竞聘上岗，好口才都能使人占尽先机。下面主要从三方面来概括学习口才的意义。

1. 口才是人际关系的润滑剂

美国的演讲大师戴尔•卡耐基曾说：“一个人事业上的成功，15%来自他的专业技术，85%则依赖他的人际关系。”可见，人际关系的好坏对一个人事业的成功至关重要。而人际关系的好坏又与其说话水平的高低息息相关。下面举例来说明。

某高校有一位姓严的老师，该老师在教学时以要求严格著称。有一天，不知道哪位学生搞恶作剧，在黑板上写了“严可畏”三个大字。严老师走进教室，看到这三个字，立即洞察到了学生们的心理，但是他并没有生气，而是对学生们说：“真正可畏的是你们啊！”学生们一时不解。只听严老师继续说道：“不是有个成语叫‘后生可畏’吗？为了让你们这些后生尽快超过我这个老朽，我这严老师可不得名副其实呀！”教室里顿时响起了一片掌声。

在该案例中，严老师由黑板上的“严可畏”三个字准确地捕捉到了学生们对他严格要求的不满，但他并没有对学生提出批评，而是通过曲解“可畏”二字，让学生们感受到了自己严格要求背后的良苦用心。严老师通过自己的幽默语言化解了师生之间的不和谐因素，使师生关系变得融洽了。在现实生活中，好口才就像人际关系的润滑剂，可以时时处处让人际关系保持和谐。

2. 口才是事业成功的垫脚石

现代社会，口才对一个人事业的成功极其重要。

首先，工作的获取离不开好口才。一份工作的获取基本上都离不开面试，而面试很大程度上需要求职者通过自己的语言来展现自己的优势。从这个角度来说，好口才是获取工作机会的敲门砖。

其次，工作的开展和晋升也有赖于好口才。导游、销售员、主持人、教师等职业对口才有较高的要求。例如，导游对景点的介绍，销售员对产品的介绍、推广以及特色解说、售后处理，主持人对现场的把控，教师的日常教学、对学生的管理等，都需要良好的口才作为依托。即使是偏重技术的岗位，技术问题的交流以及同事之间的协作依然需要好口才的加持。

3. 口才是综合素质的加速器

口才是个人综合素质的加速器。思维和语言密不可分，好口才需要有强思维来支撑。可以说思维是语言的内核，语言是思维的表现形式，所以“说好”之前先得“想好”，锻炼口才的同时也可以提升思维能力。除此之外，在交际中交谈者还需要通过察言观色随时观察对方对自己言语的反应，并根据对方的反应灵活机动地调整自己的交谈内容和交谈方法，做到随机应变，这有赖于交谈者敏锐的观察能力和较强的随机应变能力。当然，要想做到有话可说，交谈者还需要调动自己的知识储备，并根据交谈现场作出准确的回应，这无疑都离不开良好的记忆力和较强的表达能力。因此，在提升口才的同时这几种重要的能力也会得到相应的训练和提高。由此可见，口才是说话者综合素质的集中表现，口才提高的过程也是各种能力得到锻炼和提高的过程，口才是个人综合素质提升的加速器。

五、口才课的训练目标

口才既然如此重要，那么高职院校学生的口才现状是怎样的呢？从长期的教学实践来看，大部分学生的语言表达能力，尤其是在公开场合的语言表达能力不尽如人意。在课堂教学中，有大量同学从来不敢在大众面前表达自己的观点。即使能回答，大多也是想到什么说什么，往往逻辑混乱，没有认真组织自己的语言。经调研，高职生的表达现状可以总结为三方面：不敢说、不会说、说不好。针对以上情况，本课程将训练目标定为敢说、会说、说好。

1. 敢说——基础目标

敢说，指的是在各种场合敢于表达自己的观点、发表自己的见解。敢说主要是训练学生当众表达的胆量和勇气。当众发言对于绝大多数人而言是一个极大的挑战，不仅需要发言者从仪态以及知识各方面作好准备，还需要发言者克服由于害怕讲不好而带来的心理压力。即使鼓起勇气登台也可能会面临各种突发状况，所以有很多人对当众讲话表现出极大的恐惧。然而正如学游泳一定要跳到泳池里，学开车一定得坐在驾驶座上，练习口才也必然要敢于面对大众发言。要想完成从台下到台上的跨越，发言者需要进行积极的心理暗示，鼓励自己勇敢地走出舒适区，面对大家完成发言。口语表达与当众演讲都需要通过有声语言完成与听众的沟通和交流，而让对方听清、听懂是交流的基础。要想让对方听清，音量须适中。为此，在参加课堂训练时要用最大的声音讲话，避免小声嗡嗡的讲话方式。而要想让大多数人听懂，必须说好普通话。本书项目二有专门进行普通话训练的内容，可以为会说奠定基础。

2. 会说——进阶目标

会说是在敢说的基础上提出的进阶目标，对表达者的表达质量有了更高的要求。要求表达者不仅要敢于表达观点，还要尽可能做到表达的观点正确，表达的内容有条理。从敢说到会说离不开知识的积累和反复的训练，为此本书在“练一练”环节设置了学生小组合作、共同完成作业训练。小组合作需要组内学生根据教师要求分工协作，共同完成。这本身就是一个需要口才交流才能完成的任务，同时作业展示环节还要进行学生完成课中答疑和小组互评，这些环节实现了口才的全程训练。

3. 说好——终极目标

说好，指的是在生活和工作中能够用语言有效地解决问题，实现和谐的人际关系。换句话说，如果说的话能够在实现自己交际目的的同时又能让对方愿意听就算是说好了。这需要交际者有很高的说话水平和艺术修养，才能让自己的话既有效又体现艺术性和美感。

口才是一个人综合素质的体现，要想说好话最终取决于一个人的综合素质，而只有平时多积累、多训练、多总结，才能说得越来越好。

练一练

练一练答题指导

1. 请说一说你身边谁的口才好，并分析一下好口才的具体表现。
2. 分享你最喜欢的一句话，并说明理由。
3. 请向班级其他同学推荐你最喜欢的一部电影或一本书。推荐时要求有基本的内容简介，并说明喜欢的原因。

任务二 了解形成良好口才的条件

课程案例

《新闻联播》的著名主播李瑞英刚考入北京广播学院（现为中国传媒大学）时，为了使播音更加规范，她从头开始学习汉语拼音。每天早晨六点半，李瑞英都会准时出现在广播学院的小树林里并开始练声，先是一次又一次地练习声母、韵母的发音，再朗读完整版的《人民日报》。四年来，她从未间断。后来，李瑞英有幸进入中央电视台成为央视的新闻主播。她更加勤奋了，《新华字典》和《汉语成语词典》成了她的亲密伙伴，无论是在家里还是台里甚至是出差，她都带着它们，以便随时翻看和查阅，以至于最后《新华字典》里的所有字她都认识，并能清楚地说出每个字的意思。李瑞英认为要想胜任央视《新闻联播》的工作，必须随时随地“充电”。成名后的李瑞英坦言：“一个播音员必须在专业技巧、政治素质、文化水平和心理素质方面不断磨砺自己，才有可能最终成功。”

想一想

1. 这个案例说明了什么道理？
2. 你认为口才的提升有赖于哪些条件？

提示解析

这个案例说明口才并非天生的，口才可以通过后天的训练习得。形成好口才既依赖说话的工具——有声语言，又不仅仅局限于有声语言，知识储备、文化水平、心理素质等都是好口才形成的条件。

课前练习

通过课堂讨论的方式，说一说好口才的形成除了依靠有声语言、知识储备、心理素质外，还需要哪些条件。

口才的形成绝非只是开口说话那么简单，要想会说话、说好话，需要有深层的思维能力作内核，有深厚的知识作储备，还要有良好的心理素质作保障。要想说得好，除了要提升以上内在素质外，还要掌握好沟通的媒介——有声语言和态势语言，有效倾听和正确理解也是保证口语交流的必要条件。而话语要想有影响力，离不开交际者本身的道德修养，因为“有德者才有言”，只有有德的人的话才能产生深远的影响力。可见，口才的形成有赖于个人综合素质，要想锻炼口才也必须加强个人的综合素质。

一、加强思维训练

思维是人脑对客观事物的反映，口语表达则是用言语的方式将思维过程和结果展现出来的过程，因此思维能力的提升对口才至关重要。逻辑思维能力与口语表达的条理性息息相关，形象思维能力能够确保话语更加形象生动，创新思维和灵感思维的能力则可以使人发人之未发，说出令人耳目一新的观点。

要想提升口才，在日常生活中可以有意识地多学习有关思维的理论知识，并且多多开展思维的广度、深度、敏捷度训练。

思维的广度有助于从多角度认识事物。例如，可以利用发散思维来提升思维的广度。发散思维是从多角度认识事物的一种思维方式，像平常所说的一题多解就是典型的发散思维。有心理学家曾经做过一个实验：他在黑板上画了一个圆，然后问在座的大学生这是什么。大学生们的答案出奇得一致，答案都是一个圆。同样的问题问到幼儿园的小朋友，小朋友的回答却很丰富，像饼、太阳、满月、盘子等，可以说是五花八门。当然，不能说大学生的答案不对，只是思维有点僵化。幼儿园小朋友的答案众多，很好地体现了发散思维的特点。多进行发散思维训练有助于从不同角度了解问题。

思维的深度决定了认识的深度。增强思维的深度需要透过现象看本质，它既可以表现为透过现象追寻原因，比如根据学生抑郁症频发的现象推测其产生的原因；也可以表现为根据现状推测事物未来的发展，比如根据日本排放核废水推测未来对周边生态的影响。可以在平时遇到问题时多问几个为什么，这不但有助于找到问题背后深层的原因，而且有助于锻炼思维的深度。

思维的敏捷度，是指思维主体面对事物和问题快速作出反应的能力。要想提高思维的敏捷度，一方面可以借助逻辑训练的专业书籍，让自己习惯性地自觉运用归纳和演绎等思维手段来认识事物；另一方面，可以通过多阅读书籍获取各种知识，提升自己的认知能力，认知能力的提升也有助于进一步提高思维的敏捷度。

总之，思维能力的强弱与口语表达的优劣正向相关。思维能力强的人在表达时往往逻辑清晰、形象生动；而思维能力弱的人在表达时往往逻辑混乱、口不择言。因此，每一位立志提升口才的人都应该对上述各种思维能力进行认真研究并自觉进行训练。

二、树立良好的品德

名言警句

德是指思想品质和道德观念。德是一个人的灵魂所在，决定了一个人的言论立场。发言者只有在德上立稳脚跟，在言谈中遵守道德，才能更好地发挥言谈的影响力。中国有句古语：“其身正，不令而行；其身不正，虽令不从。”言谈者要想将自己的思想观念输入听者心里，往往身教大于言教。还有一句俗语：“桃李不言，下自成蹊”。如果从交际方面来理解这句俗语，不妨作此解释：有德人的言论就像好吃的桃李，自然会吸引人追随。这也就是孔子所说的“有德者必有言”。致力于提升口才的人必须提升自身道德，做一个具有崇高理想和高尚道德情操的人。只有这样才能发挥语言的影响力，获得人际交往的成功。

三、掌握丰富的知识

知识是人们在社会实践中获得的认识世界的成果，是口语表达内容的坚实基础。常言道：工欲善其事，必先利其器。人们要想提升自己的口才，必须扎根于知识的沃土。古今中外的优秀口才家无一不以渊博的学识而著称。一般而言，要想提升口才，主要应从以下三方面搭建自己的知识结构。

1. 专业知识

专业知识是一个人的安身立命之本。专业往往跟自己的工作相关。专业知识精湛的人可以为自己赢得尊重，也可以使自己在专业领域的发言令人信服。因此，在学术专业交流中，交际者必须融会贯通本专业的相关知识，掌握本专业的历史沿革和当前现状，以及学科的最新科研成果。只有那些具有坚实的专业知识的人，才能在学术交流中发人之所未发，启人之所不明。

2. 社会知识

专业知识只能保证交际者在专业领域的学术交流中脱颖而出，然而个人的社交空间绝不仅限于学术交流，还有更多的日常交流机会。怎样才能保证自己在日常交流中依然有话说，说好话呢？这需要交际者掌握更广泛的社会人文知识，例如生活常识、社会经验、逸闻趣事、乡土民风、历史典故甚至天文地理等知识。

3. 人际交往相关知识

口语交谈的对象是人。要想交谈取得良好的效果，口语表达者还必须充分了解关于人际交往的相关知识，比如心理学、行为学、沟通学、人际关系学等知识，懂得人际交往的基本规律以及各类人的性格、心理等，从而可在交谈中根据交谈对象有针对性地选择交谈内容和交谈方式、方法。例如，在销售产品时除了要对自己销售的产品十分熟悉以外，还要深度了解顾客的心理，如顾客购买商品更看重的是什么，是质量还是价格，是外在还是内在等，只有深度了解了顾客的购物心理及其个性化需求才能进行有针对性的推销。

四、掌握好有声语言和态势语言

口语交际所依赖的媒介是有声语言和态势语言，因此要想提升自己的口才，必须掌握好有声语言和态势语言。

有声语言是口语交际中最直接、最主要的表达方式。口语交际中对有声语言有两个最基本的要求：一是让对方听清，要求发言者声音洪亮、吐字清晰；二是让对方听懂，要求发言者在公众场合尽量讲普通话，注意做到发音标准，读准语音、语调，同时还要注意不同语速、语气对句意带来的影响。

态势语言是由一个人的仪容、仪表、仪态构成的，是传播和交流信息的辅助手段。有沟通学研究证明，信息的传递等于 7% 言语内容 +38% 语音语调 +55% 肢体语言。由此可见态势语言在传递信息中的作用。例如在演讲中，如果去掉肢体语言，那么演讲就失去了可观性。在日常口语交流中，态势语言也可以辅助表达自己的观点，传达自己的情绪，大大增强表达效果。不同的态势语言所传达的意思不同，这将在后面讲述演讲内容时再介绍。

五、学会有效倾听

口语交际是双向的，既要说又要听。因此要想提升口才，口语表达者在提升“说”的能力的同时还要学会“听”，即交际者对交际对象的话语内容要做到有效倾听并正确理解。

那么，何为有效倾听呢？有效倾听是指不仅要听清对方言语表达的字面含义，还要听懂其背后的潜台词，也就是平时所说的弦外之音。

下面来看一个案例。

曹操因为喜欢次子曹植的才华，在选接班人时曾一度想废了长子曹丕而立幼子曹植。当曹操就此事问贾诩的意见时，贾诩却一声不吭。在曹操的一再追问下，贾诩才说出自己正在想事，在想袁绍、刘表的事。曹操听后立刻明白了贾诩的言外之意，从此再也不提废曹丕的事了。

其实贾诩对曹操想废长立幼是支持还是反对的态度是很明确的。贾诩不明确表达，却只是向曹操提到袁绍、刘表，是因为历史上的袁绍、刘表都因废长立幼而付出了代价，曹操对此也是知道的。贾诩提到袁绍、刘表就是想提醒曹操想一想废长立幼的后果。贾诩在进谏时不直言规劝，而是摆出历史事实让曹操自己得出结论，这无疑是更高明的进谏。当然，进谏得以顺利进行除了贾诩的善说外，也离不开曹操的善听——能够听出贾诩的弦外之音。因此学会有效倾听也是交际能够顺畅进行的必要因素。

六、良好的心理素质

一个人的心理素质是在先天素质的基础上经过后天环境和教育的影响逐渐形成的。当众讲话需要具备良好的心理素质。具体而言，一般当众发言者应具备以下两方面的心理素质。

1. 当众讲话要有勇气和自信

口才的提升离不开当众讲话，如果连当众讲话的勇气都没有，那是无法提升口才的。不敢当众讲话无非有两方面的原因：一是不会说，不知道说什么；二是怕说不好。不会说属于知识储备不足，需要通过大量的阅读来提升自己的认知水平和知识储备量；怕说不好则是由于过分看重结果，因此带来了较大的心理压力所致。要想说得好，都会经历一个由说不好到逐渐说好的过程，如果一味惧怕而放弃锻炼的机会，只能停滞不前。因此，应该积极鼓励自己，去不断地说。

2. 根据需要对自我情绪和情感进行调控

当众讲话的现场情况复杂，很多因素会引起讲话者情绪的波动，例如，突然忘词或面对突发状况时的紧张，面对听众提问不知如何回答的焦虑，无论哪种情绪，无疑都会给发言者带来影响。发言者要学会根据需要合理地调控自己的情绪，才能让当众讲话达到理想的效果。俗话说“不打无准备的仗”，当众讲话之前准备得越充分，上台后就能表现得越从容（详见本书项目四有关演讲的内容）。

练一练

1. 共享单车大大方便了人们的生活，但在实际使用过程中也存在着诸多问题。请结合你所在城市共享单车的现状，谈谈共享单车在使用中都存在哪些问题，并讨论产生这些问题的原因。

2. 如果你在上台演讲时不慎摔倒，谈一谈你可以想到几种方式来缓解尴尬，用语言表达出来。

练一练答题指导

任务三 掌握口才运用的基本原则

课程案例

一位美国记者在对周总理采访时，看到总理桌子上有一支美国产的派克钢笔。于是就此提了一个带有几分讥讽的问题：“请问总理阁下，您为什么要用我们美国产的钢笔？”周总理听后风趣地说：“谈到这支钢笔，还有一段故事。这是一位朝鲜朋友送给我的礼物，本来我无功受禄是不想收的，可是朝鲜朋友却说：‘留下来做个纪念吧，这是抗美时缴获的战利品。’我觉得有意义，就留下了这支贵国的钢笔。”美国记者一听，顿时哑口无言。

想一想

这位美国记者在交谈中犯了什么错误？

提示解析

美国记者带着讥讽提问，没有尊重受访者。周总理仅用一句话“这是抗美时缴获的战利品”就让记者哑口无言。正所谓“辱人者必自取其辱”。在交谈中，尊重对方既是基本的交际礼节，也是友好沟通的前提。

课前练习

作为一名实体店的服装推销员，每天要面对各种各样的顾客。想一想，要提高销售量，在推销时应该注意什么问题？找学生分别扮演推销员以及各类顾客(性别不同、年龄不同、身份不同)，通过角色扮演模拟此次推销过程。请扮演推销员的同学谈一谈针对不同顾客在推销时应注意什么问题，并谈一谈自己的销售体会。

日常生活中，口语交流要想实现最佳的传播效果，必须遵守口语运用的基本原则。一般来说，口语运用的原则主要包括以下几个方面。

一、说话要真诚

《红楼梦》片段

与人沟通最重要的一点就是要真诚。真诚地用心沟通，才能把对方的心门打开。例如，在赞美别人时随口敷衍一句，与真诚赞美对方连对方自己都没有发现的优点，哪个效果更好？这是不言而喻的。说话要直接表达内心的思想，不要虚情假意，因为只有真心待人才会换来对方的真心。熟悉《红楼梦》的人都知道，林黛玉一度跟薛宝钗的关系不是很亲近，但是后来薛宝钗在听到林黛玉行酒令时不小心用到了禁书《牡丹亭》《西厢记》中的句子之后，她们的关系反而亲近了许多。这是怎么回事呢？原来薛宝钗听到林黛玉的言论后，不但没有四处宣扬，反而语重心长地私下对其进行规劝，让她不要因为看杂书“移了性情”。正是宝钗的真心让黛玉打开了心门，从此真诚以待。因此，沟通一定要发自真心，只有用真心换真心，沟通才能顺畅进行。

二、说话要有礼貌

在交际时，相互尊重、礼貌相待是最基本的交际准则。如果对人说话缺乏必要的尊重和基本的礼貌，沟通就无法进行下去，而说话得体、有礼貌则会给对方带来愉悦的心情，也会给沟通营造良好的气氛。那么，如何在沟通中做到尊重、有礼貌呢？

1. 尊重要发自内心

真正的尊重是对人一视同仁、以礼相待。这与对方的外貌美丑、财富多寡、地位高低均无关系。在日常生活中，面对比自己强的人做到发自内心的尊重比较容易，难的是面对某方面比自己弱的人依然能做到以礼待之。在影视作品中经常会看到这样的片段，某珠宝店或服装店的店员因为对穿得比较普通甚至破旧的顾客态度轻慢而失掉大单。现实生活中这样的现象也并不少见。如果戴着有色眼镜，用傲慢和不敬去伤害别人的自尊心，那么沟通交流一定不会顺畅。只有发自内心的尊重，才能够赢得对方的好感，为沟通打下良好的基础。

2. 通过言谈举止展现自己对对方的尊重

1) 与人交谈要用礼貌用语

与人交谈时要用礼貌用语。例如，对比自己年长的人不应直呼其名，要学会使用尊称；对自己的同龄人要亲切，不给别人起带侮辱性的外号；寻求帮助时要用“请”，对别人的帮助要心存感激并表达谢意；回答别人问题时要有耐心等。

2) 不应随意打断对方的话

与人交谈时要认真倾听，不应随意打断对方的话。随意打断对方的话不仅不利于掌握全面的信息，还是极不礼貌的行为，在交谈中要谨记。

3) 合理使用态势语言

与人交谈时要合理使用态势语言，以此来表达对对方的尊重和敬意。例如，与人交谈时要与对方有眼神交流，面带微笑；对对方的发言要有回应，如适时点头等。

三、说话要看对象

俗话说“见什么人说什么话，到什么山上唱什么歌”，也就是说，在交谈时一定要根据说话对象的不同来调整自己的说话内容和说话方式。一般来说说话时要考虑以下几个方面的情况。

《论语》片段

1. 年龄的差异

交际对象的年龄会直接影响其文化背景和兴趣爱好，因此对不同年龄的交际对象，交谈内容和方式也应有所差别。例如，小孩子一般注意力不容易集中，活泼好动，对外界事物充满好奇，喜欢听故事。因此与儿童交流时应注意语言要通俗易懂、生动形象，多用讲故事、打比方的方式与之交流。年轻人往往对前途理想、婚姻恋爱、新兴事物、社会热点比较感兴趣，在交谈中可以结合对方的职业特点以及文化背景来选择对方感兴趣的话题。老年人更多关注的是退休生活、养生保健、防病治病，而且由于老年人大多耳背、反应较慢，因此在交谈中要尽可能提高音量，放慢语速；部分老年人比较忌讳谈年龄，在交谈中也需要注意。

2. 性别的差异

男性和女性在生理和心理上存在诸多差异，而且在思维方式和兴趣爱好方面也有诸多不同。男性往往比较直接，说话不喜欢拐弯抹角；女性往往比较含蓄委婉，不喜欢直接表达。因此在交谈中，要考虑到交谈对象性别的差异，采用恰当的交谈方式与之交流。

3. 性格特征的差异

每个人都有自己的性格，个性不同，语言表达和为人处世方式也不同。有的人大大咧咧，说话不走心；有的人心思细腻，容易多想。了解和注意说话对象的性格特点并找到合适的交谈方式对于提升表达效果非常重要。

孔子就是一位善于根据交际对象的不同性格特点来调整自己说话内容的口才大师。在《论语•先进篇》中记载了这样一个片段：孔子的学生子路和冉有问了一个同样的问题：“是不是听到道理之后就要马上行动？”面对同样的问题，孔子给了两种截然不同的答案。孔子给冉有的答案是“听到之后就要马上行动”，给子路的答案却是“有父亲兄长在，怎么可以听到就行动呢？应该问问父兄的意见”。这让同为孔子弟子的公西华很是不解，于是孔子为公西华解释道：“冉有胆小，做事容易退缩，所以得给他壮胆，要求他听到了就要马上行动。子路胆子大，做事激进，所以不能让他那么冒进，让他先征求父兄的建议。”

孔子是因材施教的大师，他在教学中不仅考虑到了教学的内容，还根据学生的不同性格特点调整了自己的教学内容。因此在口语交际中，只有考虑对方的性格特点并调整自己的交谈内容和方式，才能实现预期的效果。

4. 文化程度和思想水平的差异

文化程度和思想水平往往反映了一个人的基本素质，而素质的高低又往往影响其对交谈内容的理解，所以口语交流中必须考虑对方的文化程度和专业背景，用对方听得懂的语言进行交流。与知识水平较高的人进行交流，可以旁征博引、引经据典，即使使用专业术语也不会出现沟通障碍；而对于文化水平较低的人，说话要尽量浅显明了、通俗易懂。这就和孔子所说的中等资质的人可以与他谈高深的道理，中等资质以下的人就不可以与他谈超出其理解能力的道理是一样的。

5. 兴趣爱好的差异

由于生活环境和教育背景不同，人们的兴趣爱好也存在着很大的差异。谈话是双向进行的，只有选择双方都感兴趣的话题才能使交谈进行下去。因此，在交谈之前应充分了解交谈对象，弄清楚对方感兴趣的话题，在交谈中以对方感兴趣的话题作为切入口，这样就能迅速展开交谈。

6. 生活经历和职业特点的差异

在现实生活中，由于人们的生活经历、职业各不相同，因此形成了人们思维方式和看待事物的方式方法的差异。正如鲁迅在《集外集拾遗补编》中所谈的对《红楼梦》立意的看法，鲁迅指出不同的人看《红楼梦》，看到的东西是不同的：“经学家看见《易》，道学家看见淫，才子看见缠绵，革命家看见排满，流言家看见宫闱秘事。”在交谈中，如果不考虑对方的生活经历和职业特点，就无法取得预期的交流效果。

四、说话要看场合

口语交际都是在一定的交际环境中展开的，它受交际环境的影响和制约。交际环境既包括大的社会环境，也包括当下的微环境（由交流的时间、场合、面对的对象以及对象周边的人际关系共同组成），因此口语交际中必须要考虑相应的场合，做到“到什么山上唱什么歌”。

鲁迅在一篇杂文《立论》中讲述了这样一个故事：有一家人给孩子办满月宴，来了很多人庆贺，也收到了不少祝贺的话。其中有的人说“这个小孩将来一定能当大官”，也有的人说“这个小孩将来一定能发财”。主人听了很开心，表示感谢并请他们赶紧入宴。这时突然有个人说了句：“这孩子将来是要死的。”大家听后把说话的人痛打了一顿，请了出去。说这个孩子将来当大官、发财的不一定能实现，而说这个孩子将来要死是一定会实现的。但是，为什么说“谎”的被以礼相待，说实话的却被打了出去呢？这就是因为说实话的人没有考虑到说话的场合。这是在主人办满月宴的宴会上，主人当然想听一些吉祥话，不考虑场合随口乱说自然会招人反感。

谈话不仅要根据不同的场合确定谈话内容和谈话方式，还要学会利用环境因素使自己的交谈取得最佳效果。例如，主场谈判人员在布置谈判会场时，要充分利用环境，通过环境营造一种有利于双方合作的氛围。1972 年，在尼克松访华的破冰之旅招待宴会上，周恩来总理特意安排军乐团演奏了一首赞美美国自然风光的民歌《美丽的亚美利加》。尼克松非常感谢周恩来的细心安排，因为这是尼克松在 1969 年为自己就职时选的曲子。这首民歌一下把宴会的气氛推向了高潮，让尼克松有了一种宾至如归的感觉。

说话要看场合，还应当做到入乡随俗。我国是一个统一的多民族国家，幅员辽阔，各民族都有自己的风俗习惯，各地也有各地的风土人情，因此每到一个地方就要做到入乡随俗，遵从当地的风俗习惯和语言禁忌，不要犯忌讳。例如，山东人喜欢叫人为“伙计”，而在南方“伙计”往往指“打工仔”；北京人口里的“师傅”在南方也有特殊含义，往往指“出家人”。

总之，在交谈中要根据不同的时间、场合、对象灵活机动地调整自己的谈话内容和方式，才能达到交际目的。

练一练

1. 假如你是售楼处的销售人员，思考一下如何将你们公司的房子卖给不同的顾客(青年男女、老年夫妇、中年成功人士)。销售时要注意根据不同对象的需求进行有针对性的推销；语言表达也要注意，尽可能用对方喜欢的方式展开交流。

练一练答题指导

2. 分别在不同场合(新生入学初相识、求职面试等)完成自我介绍，可以通过角色扮演，采用情景剧的方式进行介绍。

任务四　掌握口才的训练方法

课程案例

案例一

古希腊的演讲家德摩斯梯尼先天口吃，而且一个肩膀高一个肩膀低。为了训练自己的演讲水平，他每天口含小石子来训练自己的口齿清晰度；为了矫正自己的体态，他往肩上悬了两把利剑。经过日复一日、年复一年的训练，他终于取得了巨大的成功，成为了一位出色的演说家。

案例二

英国戏剧大师萧伯纳的口才十分出色，但是萧伯纳并非天生如此。年轻时萧伯纳很胆小，甚至连拜访朋友都不敢敲门，常常在朋友的门口踟蹰了 20 多分钟还不敢敲门。为了练习口才，萧伯纳参加了当地的“辩论学会”，并利用一切机会和对手争辩。有人曾问他是怎么练习口才的，他这样说：“我是用自己学习溜冰的办法来练习口才的——那就是一味地让自己出丑，直到习以为常。”

想一想

1. 口才是天生的吗？
2. 你还知道哪些练习口才的名人事例，跟同学们一起分享一下吧。

提示解析

口才不是天生的，即使先天条件不是太好的人，经过后天的训练也能使自己的口才水平得以提升。古今中外历史上能言善辩的口才大师无一不是通过刻苦训练获得成功的。

课前练习

分享你所知道的练习口才的小故事，并谈谈你从这些故事中受到的启发。

拥有练成口才的信心，掌握训练口才的方法，抓住每一次锻炼口才的机会，日积月累，口才水平一定会得以提升。下面介绍几种口才训练的常用方法。

一、朗读法

朗读法是指通过大声朗读选定的材料来训练自己口齿的方法。朗读时，对于材料的选择没有太多要求，只要语言优美、思想健康，原则上都可以作为朗读材料。不过从对口齿灵活度的提升方面，建议使用绕口令；从节奏的把握方面，可以选定诗歌或优美的散文来练习。无论何种材料，在练习之前，首先都要通过查字典来解决拿不准的字的读音，然后慢读一遍，找准文章的节奏，再逐渐加快速度。需要注意的是，在保证快速阅读的过程中，依然要求读准字音，口齿清晰。读准字音是指读准汉字的发音和声调，做到字正腔圆，口齿清晰。文章的节奏可以根据语义来划分，一般来说一个意思相对独立的词或词组可以划分为一个节奏。例如：杨柳 / 依依；雨雪 / 霏霏。节奏划分完以后，为了验证划分节奏的正确性，可以试着给别人朗读一下，如果别人能听懂，就证明划分正确了。需要注意的是，汉语不同的节奏划分可以带来不同的语义。下面来看一个古代的故事。

故事发生在一个富翁和教书先生之间。话说这位富翁十分吝啬，家里先后请了几位教书先生，最后这些教书先生都因为富翁的吝啬而辞职。富翁吝啬到什么程度呢？他招待教书先生的三顿饭永远都是纯素——不是青菜就是咸菜。富翁吝啬的名声传出去以后，没有谁再愿意到他家教书。有一天，他好不容易找到一位教书先生愿意到他家来，不过先生提出了一个条件，即教书得先签协议。协议由教书先生起草，其中一条还专门提到了伙食安排。协议中写道："无鸡鸭亦可无鱼肉亦可青菜一碟足矣。"协议最后还写明了关于违约的内容："任何一方如有违约，违约方须以现金方式加倍补偿对方。"富翁看后，心想这个教书先生对伙食要求不高，不需要鸡鸭鱼肉，只需要青菜一碟，可以省不少开支。于是他高高兴兴地在当地两位名流的见证下，在协议上签字、画押。教书先生到后，富翁一如既往地用青菜、咸菜招待先生。没过几天，教书先生就叫来证人，说富翁违约。富翁不服，拿出协议，指出关于饮食那句，读道：“无鸡鸭亦可，无鱼肉亦可，青菜一碟足矣。我都是按照合同来的呀！”先生则愤怒地说：“不对，不对！协议上明明写的是：‘无鸡，鸭亦可；无鱼，肉亦可；青菜一碟足矣。’”先生强调这是当时约定好的，有证人可以证明。两个证人也嫌弃富翁过于吝啬，一口认定富翁违约。富翁碍于违约需加倍补偿对方，故不敢辞退教书先生，只好向先生道歉，并承诺从今以后必将好好招待先生。

中国古代文言文是不加标点的，断句全凭读者。通过这个例子也可以看出，不同的断句会带来汉语语义的不同，因此朗读时一定要读准节奏才能正确理解文意。

朗读法不仅能锻炼朗读者的发音，还能积累口语素材，是提升口才水平的好方法。

二、背诵法

背诵法是指选取自己喜欢的文章，在理解文章大意、体会作者思想感情的基础上，对原文通过记忆进行声情并茂的重现的方法。背诵法有两重要求：一是背，二是诵。背，重点训练的是记忆能力，要求一字不差地重现原文；诵，重点训练的是口头表达能力，要求诵出停顿、诵出节奏、诵出情感。要想有口才，就必须注意在平时多积累素材，因为只有大脑中有了相关知识的储备，才能在用时做到张口就来，背得越多知识的积累就越多。因此要想提升口才水平，要注意在日常多背诵，如背诵一些名言警句、诗词典故等。

三、描述法

描述法是指将生活中接触到的人物、事情或情景运用描写、叙述的语言表达出来。描述法没有现成的语言材料，要求表达者根据看到的现场情境组织语言进行情境再现。描述法对表达者的语言现场组织能力以及描述条理性有着较高的要求。进行描述时，表达者需要抓住描述对象的特点，用简洁、生动的语言将对象清晰地再现出来。例如，鲁迅在《故乡》中描述昔日的豆腐西施杨二嫂现在的样子时，说她“张着两脚，正像一个画图仪器里细脚伶仃的圆规”。这里鲁迅用了比喻的手法来描述杨二嫂的体形，由于抓住了杨二嫂的特点，使杨二嫂“瘦”的形象跃然纸上。描述的内容要想让听众能够听懂，描述时还要注意逻辑顺序，做到条理清楚。如果是描述事情，可以按照事情的起因、发展、结果的逻辑进行；如果是描述景物，可以按照空间顺序来进行。总之，按照一定的逻辑顺序描述，可以将描述对象更清楚地呈现出来。

四、讲故事法

讲故事也是锻炼口才的好方法。一个故事可以有多种讲法，讲好一个故事非常锻炼讲述者的口语表达能力。要想把故事讲得生动有趣，让人爱听，就需要讲述者既要有很强的逻辑思维能力和形象思维能力，又要有丰富的想象力和超强的记忆力，还要有极强的现场还原能力，让听众有身临其境之感。

突出故事的细节可以增强故事的真实感。例如，《我是演说家》里的演说家陈抒泽，在他的《大国担当》演讲中，讲到左宗棠借高利贷筹措军费带着湘军子弟奔赴新疆护卫边疆的故事时，就运用了一个细节——随军的一口空棺材，这极具冲击力的细节一下子把左宗棠人在疆在，决一死战的决心表现了出来。由此可知，我们在讲故事时要注意细节的再现。

讲故事时还要注意故事的逻辑顺序。故事的讲法多种多样，单从顺序上来说，故事既可以按照事情发展的来龙去脉的顺序来讲，也可以采用倒叙的方式，先把结果告诉大家，再追述其发展过程。无论何种讲法，都有一个故事讲述人将故事内化，变成自己的语言的过程。讲故事不是简单地背诵，需要讲述者用自己的语言并配上适当的表情、动作，绘声绘色。

总之，平时练习的时候要对材料进行加工，考虑故事的不同讲法，力图做到把故事讲得生动有趣。

五、模仿法

模仿法是一种很好的学习方法，幼儿最初学说话就是从模仿身边的人开始的。练习口才也可以利用模仿法，先在生活中找到自己模仿的榜样，如播音员、配音演员或身边口语表达能力较强的人。模仿时，不仅要注意模仿对方的有声语言(语气、语调、语速)，还要模仿对方的态势语言(表情、神态、动作)，力图做到惟妙惟肖。模仿法既简便易行，又颇有趣味，是日常练习口才的好方法。

模仿时要注意模仿对象的选择，若选择与自身气质相近的对象，则比较容易出效果，如果自己属于在声音上比较有爆发力的人，那么模仿时就可以选择激情型的对象；如果自己属于较平静的人，就可以选择娓娓道来的榜样作为模仿对象。选择与自身气质反差比较大的模仿对象极具挑战性，但可以拓宽自己的个人风格。

六、抓住每一个练习机会

正如学游泳一定要跳到水里，学开车一定要坐在车里、行在路上，学习口才也一定要抓住每一个当众讲话的机会。口才是练出来的，只有抓住每一个当众讲话的机会，日积月累，才能让自己不再惧怕当众讲话。日常生活中，要尝试和不同的人聊天，课堂上积极回答老师提出的问题，抓住机会做校园各类活动的主持人，这样反复练习并不断改进，口才就一定会得到提升。

练一练

1. 演讲模仿训练。

自己选择一位演讲模仿对象，并观看模仿对象的演讲视频。观看时，要求细心揣摩演讲对象在有声语言以及态势语言上的运用技巧，重点模仿演讲对象语调、语速、重音、节奏的使用技巧以及其使用身姿、体态、眼神、手势的技巧。

练一练答题指导

2. 看图写话。

仔细观看下面的图片，然后用最直观的语言描述图片的内容，试着对图片所蕴含的内容或现象进行延伸解释，并表达自己的观点。时间为 3 ～ 5 分钟。

3. 每天选择一份阅读材料，大声朗诵 5 分钟。要求发音标准、规范，口齿清晰，字正腔圆，读出节奏感并饱含感情。

4. 每天给自己的亲人或同学讲一个故事或完整地复述一件事情。要求故事讲得清楚而且生动有趣。

5. 以下这句话有几种断句方法？试着给这句话加上标点。

下雨天留客天留我不留

项目二　口才训练基础——普通话

知识目标

(1) 了解普通话的含义及学习普通话的意义。
(2) 掌握普通话的评定标准。
(3) 了解普通话水平测试的要求和内容。

技能目标

(1) 掌握语音的基础知识及运用。
(2) 掌握学习普通话的方法。
(3) 掌握普通话的朗读技巧。

情感目标

(1) 激发学生对祖国语言文字的热爱，培养学生对中华民族文明的自豪感。
(2) 认识普通话的法定地位；认识到普通话表达在学习、工作和生活中的重要作用。
(3) 培养良好的人际交往能力。

任务一　认识普通话

课程案例

李红刚刚考上大学，进入新学校，发现身边的同学来自不同的地方。有一天，李红跟同学们一起去玩。在路上，她们看到一个师傅骑着三轮车卖货，听到师傅大声吆喝：“卖米阿类来喽！”（卖面的来啦！）。她们听了半天也没听懂师傅到底卖的是什么，于是迎上前去想问个究竟。交谈时，师傅说道：“我孩的（孩子）多，家里房的（房子）又小，条件比较困难，所以出来卖些面来贴补家用。”一边聊着一边就走到了师傅的家门口，师傅朝家里喊了声“我坏了！(我回来了)，车的(车子)就放门口吧。”李红她们跟着聊了一路，有些话也没有听明白，于是礼貌地与师傅告辞。

想一想

同学们知道卖货师傅讲的是哪种方言吗？我们为什么要学说普通话？

提示解析

在这个案例中，卖货师傅讲的是北方方言的一种。我们可以看出，因为使用的语言不互通，所以导致正常生活中的交流无法顺利实现。如果双方都使用普通话，交流就会顺畅很多。

掌握普通话在我们的学习、工作和日常生活中是非常重要的，如果大家都不使用普通话交流，而是各自使用不同地域的方言，就很难消除语言障碍，导致无法顺畅交流。

课前练习

寻找使用方言在日常生活中带来沟通不畅的现实案例，供课堂分享讨论。

一、普通话

普通话是现代标准汉语，是我国各民族之间通用的交际用语。普通话是以北京语音为标准音，以北方话为基础方言，以典范的现代白话文著作为语法规范的现代汉民族共同语，是全国通用的语言。《中华人民共和国国家通用语言文字法》确立了普通话“国家通用语言”的法定地位。

(1) 语音上：以北京语音为标准音。这并不意味着北京人口语中所有的语音成分都可以作为普通话的语音标准，实际上，这里的“北京语音”是指北京的语音系统，即北京话的声、韵、调系统，不包括北京话中带有地方色彩的语音成分。

(2) 词汇上：以北方话为基础方言。这里的北方，不是地理意义上的北方，而是一个方言分区意义上的“北方”。北方话分布的区域很广，大致可以包括我国的东北—华北地区、西北地区、西南地区和江淮地区，在不同的地区又形成了“次方言”。使用北方话的人口大约占汉民族总人口的四分之三，北方话的词汇系统在各地的差异相对较小，适合作为普通话词汇的基础。

(3) 语法上：以典范的现代白话文著作作为语法规范。白话与文言相对，用白话写成的文章，遣词造句的方式和行文风格与人们日常交际所使用的口语基本一致，语法规范程度较高。

二、汉语方言

汉语方言，又称作“白话”“土话”或“土音”，是指区别于标准语的通行于某一地区人们所使用的语言。方言是各类民族文化的显著特征，是当地传统文化传承和发扬的重要载体。

我们的祖国地大物博，人口众多，生活在不同区域的人们各自形成了具有地域特色的地方汉语语言变体。根据我国方言形成的历史和特点，方言在全国范围内大致可分为七大类，分别是北方方言、吴方言、湘方言、赣方言、闽方言、粤方言、客家方言。

三、普通话与方言的差异

普通话是一种通用语言，适用于全国范围，同时中文（普通话）也是联合国的一种工作语言。方言则是在一定区域内通用的，更多地用于日常生活交流的语言。二者在语音、词汇及语法方面存在着许多差异。

1. 语音差异

语音是人们在用语言沟通时最重要的载体之一，普通话和方言在语音方面存在着如下几方面的差异。

(1) 声母、韵母方面的差异。如普通话已形成标准的、固定的声母、韵母及声调体系和数量，而有些地方的方言还保留着先前的语言使用习惯，有的方言声母的数量比普通话声母的数量要多。

(2) 声调方面的差异。

(3) 音类和音质方面的差异。某些方言的声调与普通话的4个声调不同。在声调的运用上，有些方言的阴平、阳平、上声、去声的调值与普通话的调值并不是一一对应的。

2. 词汇差异

普通话和方言都是汉民族语言，发展到现今，在使用方面，二者的大部分词汇没有太大区别，但有小部分词汇是有区别的。具体体现在：一是构词所指的差异，同一个物品，在不同的语言类型中称呼不一样；二是词形上的差异，表现在音节数量和造词方式的不同。

3. 语法差异

普通话和方言在语法上的差异表现在以下两个方面：一是词语搭配和使用的差异，同一个物品，使用的动词、形容词不同；二是语序排列的差异，在各类方言中常存在着主、谓、宾颠倒的现象，这并不影响方言使用者之间的交流，但对于普通话使用者来说，理解和交流会存在困难。

四、学习普通话的重要意义

1. 国家发展的需要

我国地大物博、人口众多，经济飞速发展，各区域深度融合，要想进一步促进各区域协同合作，共同进步，就必须要有充分的交流合作。交流合作是建立在通畅的交流沟通基础上的，普通话是我们国家的通用语言，使用普通话能够打破语言地域差异的壁垒，最大限度地实现深度交流合作。

2. 自我发展进步的需要

人际交往能力是人们在社会中生存的软实力，学好、用好普通话，能够使我们更好地与他人进行交流沟通，强化我们个人的沟通能力和人际交往能力，还可以帮助我们扩大社交范围，增强自信，体现我们的综合能力。现今社会对职业核心能力的要求越来越高，语言表达能力即为其中的重要能力之一，因此，掌握好普通话是自我发展进步的必要之举。

练一练

1. 收集我国七大方言片区的日常方言使用样例，对比分析各方言的发音特点。

2. 结合自身学习和生活中使用普通话的情况，谈谈学习普通话的意义。

练一练答题指导

任务二 运用普通话语音知识

课程案例

夏明和妈妈去菜市场买菜，他们看到很多卖鱼的，就上前去购买。夏明问：“老板，这个是鲤鱼吗？”卖鱼的老板非常热情地大声吆喝道：“哎哟，这是新鲜的鲤(lǚ)鱼啊！快(kua)来买啊！”但他的口音夏明和妈妈完全听不懂。夏明妈妈问：“这鱼怎么卖？多少钱一斤？”老板说：“这鱼可是湖(福)建的！”妈妈没听懂，觉得问的和说的对不上，还在问：“什么？湖建的？什么意思呢？”“对啊，对啊！”老板点点头说。最终，夏明和妈妈也没有买成想吃的鱼。

想一想

为什么夏明和妈妈都听不懂卖鱼老板说话？

提示解析

在这个案例中，夏明和妈妈与卖鱼的老板在言语沟通时，因为卖鱼老板说话掺杂了方言，而夏明和妈妈听不懂方言所表达的意思，所以无法实现正常交流。

掌握普通话在我们的日常生活、学习和工作中是非常重要的，如果双方交流不使用普通话，而各自使用不同地域的方言，那么基本的生活沟通都很难完成。

课前练习

(1) 了解音节的概念，完成音节的拼写。

(2) 读单音节词和多音节词。

一、语音基本知识

语音是人的发音器官发出的代表一定含义的声音。语音、词汇、语法是构成语言的三个要素，语音是其中的基础，是语言表达的方式和途径。

1. 发音原理

人体的发音器官分为三部分。

(1) 动力部分：肺、气管，影响气息和音长。

(2) 发音部分：喉头、声带，影响音高和音质。

(3) 共鸣部分：咽腔、口腔、鼻腔，影响音准。

唇、齿、舌的搭配组合是决定普通话发音准确最主要的因素。

2. 音素

音素是构成音节的最小单位，分为元音音素和辅音音素两大类。

(1) 元音，又称作母音，是在发音过程中由气流通过口腔而不受阻碍发出的音。元音音素有 10 个：ɑ、o、e、ê、i、u、ü、-i(前 i)、-i(后 i)、er。

(2) 辅音，又称作子音，是气流在口腔或咽喉受到阻碍而形成的音。辅音音素有 22 个：b、p、m、f、z、c、s、d、t、n、l、zh、ch、sh、r、j、q、x、g、k、h、ng。

3. 音节

音节是自然的语音单位，是听觉上能够自然分辨的最小语音片段。普通话的音节一般由声母、韵母、声调三部分构成。

(1) 声母是音节开头的部分。有的音节的开头部分没有声母，由韵母独立构成音节，称之为零声母，如“爱 (ɑi)”“耳 (er)”。

(2) 韵母是音节中声母后面的部分。

(3) 声调是音节高低升降形式，普通话中的声调包括四种：阴平、阳平、上声、去声。

一个音节可以没有声母，但一定要有韵母和声调。在普通话里，一般来说一个汉字就是一个音节，但儿化音除外。儿化是一种特殊的音变现象，用两个汉字代表一个音节，如“一会儿”“小猫儿”就是三个字代表两个音节。

二、声母

（一）定义

声母是汉语音节开头的辅音，普通话语音中共有 21 个辅音声母。但在普通话里还有一些音节不是以辅音声母开头的，而是以 ɑ、o、e、i、u、ü 等作为音节开头的，如“偶”“按”等，这些元音字母我们称之为“零声母”，这些音节称为“零声母音节”。

（二）声母的分类

1. 根据发音部位的不同进行分类

发音部位是指发音时气流受到阻碍的地方。按照发音部位的不同，可将声母分为唇音、舌尖音、舌面音三大类。

1) *唇音(以下唇为主要活动器官)*

(1) 双唇音：上唇和下唇紧闭，阻塞气流而形成的音，如 b、p、m。

(2) 唇齿音：下唇和上齿接近，阻塞气流而形成的音，如 f。

2) *舌尖音(以舌尖为主要活动器官)*

(1) 舌尖前音：舌尖和上齿背接触或接近，阻塞气流而形成的音，如 z、c、s。

(2) 舌尖中音：舌尖和上齿龈接触，阻塞气流而形成的音，如 d、t、n、l。

(3) 舌尖后音：舌尖和硬腭前部接触或接近，阻塞气流而形成的音，如 zh、ch、sh、r。

3) *舌面音(以舌面为主要活动器官)*

(1) 舌面前音：舌面前部和硬腭前部接触或接近，阻塞气流而形成的音，如 j、q、x。

(2) 舌根后音：也称作舌根音，舌面后部和软腭接触或接近，阻塞气流而形成的音，如 g、k、h。

2. 按发音方法分类

发音方法是指发音时构成阻碍和消除阻碍的方式。

(1) 根据形成阻碍和消除阻碍的发音方式的不同，可将辅音声母分为以下五类。

① 塞音：两个发音部位完全闭合，阻住气流的通路，然后突然打开闭合部位使气流迸裂而出，爆发成音，如 b、p、d、t、g、k 六个声母。

② 擦音：两个发音部位靠近但并不完全闭塞，形成一条窄缝，气流从窄缝中摩擦成音，如 f、h、x、sh、r、s 六个声母。

③ 塞擦音：先阻塞后摩擦，是综合前两种发音方法控制气流而发出的音。两个发音部位完全闭合，气流把阻碍部位冲出一条窄缝，摩擦成音，如 j、q、zh、ch、z、c 六个声母。

④ 鼻音：口腔的两个发音部位完全闭合，软腭下垂，打开鼻腔通道，使气流完全从鼻腔透出成音，如 m、n 两个声母。

⑤ 边音：舌尖抵住上齿龈，软腭上升，阻塞鼻腔通道，让气流从舌头两边透出成音，只有“l”一个声母。

(2) 根据发音时气流的强弱不同，可将辅音声母分为以下两类。

① 送气音：发音时，口腔呼出的气流比较强，形成送气音，如 p、t、k、c、ch、q。

② 不送气音：发音时，口腔呼出的气流比较弱，形成不送气音，如 b、d、g、z、zh、j。

在普通话中，只有塞音和塞擦音才有“送气 / 不送气”的特征，其他的辅音声母都没有此特征，因此以上两种分类只涉及塞音和塞擦音。

(3) 根据发音时声带是否颤动，可将辅音声母分为以下两类。

① 清音：发音时，声带不振动的辅音，如 b、p、f、d、t、g、k、h、j、q、x、zh、ch、sh、z、c、s 共 17 个声母是清音。

② 浊音：发音时，声带振动的辅音，如 m、n、l、r 共 4 个声母是浊音。

综合上述分类，可以列出普通话辅音声母发音部位发音方法总表，如表 2-1 所示。

表 2-1　普通话辅音声母总表

发音方法	塞音		塞擦音		擦音		鼻音	边音
	清音		清音		清音	浊音	浊音	浊音
发音部位	不送气音	送气音	不送气音	送气音				
双唇音	b	p					m	
唇齿音					f			
舌尖前音			z	c	s			
舌尖中音	d	t					n	l
舌尖后音			zh	ch	sh	r		
舌面音			j	q	x			
舌根音	g	k			h		(ng)	

注：(1) 普通话中，辅音“ng”不能作声母。

(2) 零声母在此表中不体现。

三、韵母

（一）定义

韵母是音节中声母后面的部分，如“文 (wén)”的声母是 w，韵母是 en。一个音节如果没有声母，韵母可以自成音节，即为零声母音节，如“熬 (áo)”等。韵母是音节的主要部分，一个音节可以没有声母，但是不能没有韵母。

韵母又可以分成韵头 (介音)、韵腹 (主要元音)、韵尾三部分。如“娘”niáng 的韵母是 iang，其中 i 是韵头，a 是韵腹，ng 是韵尾。每个韵母一定有韵腹，韵头和韵尾则可有可无。如“大”dà 的韵母是 a，a 是韵腹，没有韵头和韵尾；“瓜”guā 的韵母是 ua，其中 u 是韵头，a 是韵腹，没有韵尾；“刀”dāo 的韵母是 ao，其中 a 是韵腹，o 是韵尾，没有韵头。

普通话的韵母共有 39 个，分别是：a、o、e、ê、i、u、ü、-i(前)、-i(后)、er、ai、ei、ao、ou、ia、ie、ua、uo、üe、iao、iou、uai、uei、an、en、in、ün、ang、eng、ing、ong、ian、uan、üan、uen、iang、uang、ueng、iong。我们可以根据韵母的结构特点和开头元音发音口形进行分类。

（二）韵母的分类

1. 按结构特点分类

按结构特点可以将韵母分为单韵母、复韵母、鼻韵母 (有鼻韵尾的韵母叫作鼻韵母)。

(1) 单韵母。由一个元音构成的韵母叫作单韵母，又叫作单元音韵母。单元音韵母发音的特点是自始至终口形不变，舌位不移动。普通话中单元音韵母共有 10 个，即 a、o、

e、ê、i、u、ü、-i(前)、-i(后)、er。

(2) 复韵母。由两个或三个元音结合而成的韵母叫作复韵母。普通话共有13个复韵母，即ai、ei、ao、ou、ia、ie、ua、uo、üe、iao、iou、uai、uei。根据主要元音所处的位置，复韵母可分为前响复韵母、中响复韵母和后响复韵母。双韵母是复韵母的特殊形式。

(3) 鼻韵母。由一个或两个元音后面带上鼻辅音构成的韵母叫作鼻韵母。鼻韵母共有16个，即an、en、in、ün、ang、eng、ing、ong、ian、uan、üan、uen、iang、uang、ueng、iong。

2. 按开头元音发音口形分类

按开头元音发音口形可将韵母分为开口呼、齐齿呼、合口呼、撮口呼，简称“四呼”。

(1) 开口呼：韵母为a、o、e、ê、er、-i(前)、-i(后)或以a、o、e开头的韵母。

(2) 齐口呼：韵母为i或以i开头的韵母，如iou、iao、ie、ia。

(3) 合口呼：韵母为u或以u开头的韵母，如ua、uo、uai、uei。

(4) 撮口呼：韵母为ü或以ü开头的韵母，如üe、ün、üan。

综合上述分类，可以列出普通话韵母发音总表，如表2-2所示。

表2-2　普通话韵母发音总表

按结构特点分类	按开头元音发音口形分类			
	开口呼	齐口呼	合口呼	撮口呼
单韵母	-i（前） -i（后）	i	u	ü
	a			
	o			
	e			
	ê			
	er			
复韵母		ia	ua	
			uo	
		ie		üe
	ai		uai	
	ei		uei	
	ao	iao		
	ou	iou		
鼻韵母	an	ian	uan	üan
	en	in	uen	ün
	ang	iang	uang	
	eng	ing	ueng	
			ong	iong

注：ong放在合口呼、iong放在撮口呼，是按它们的实际读音排列的。

四、声调

声调又叫作字调，是指音节在发音时的高低、升降变化。在普通话中，声调是具有区别作用的，声调的不同会出现汉字和含义的差别。如“买 (mǎi)”和“卖 (mài)”，“差 (chā) 异”和“诧 (chà) 异”，“题 (tí) 材”和“体 (tǐ) 裁”等因为声调的不同而造成含义的差别。

（一）调类、调号和调值

1. 调类、调号

调类是声调的分类，调号是调类的标记符号。普通话一共有四个声调，分别是阴平 (第一声)，用“ ˉ ”表示，如 lā；阳平 (第二声)，用“ ˊ ”表示，如 lá；上声 (第三声)，用“ˇ”表示，如 lǎ；去声 (第四声)，用“ ˋ ”表示，如 là。声调的高低变化主要体现在韵腹 (韵母的主要元音) 上，因此调号要标在韵腹上。

2. 调值

调值是声调的读音变化情况，即音节高低、升降的变化形式。一般采用“五度标调法”(见图 2-1) 来标记调值的高低。

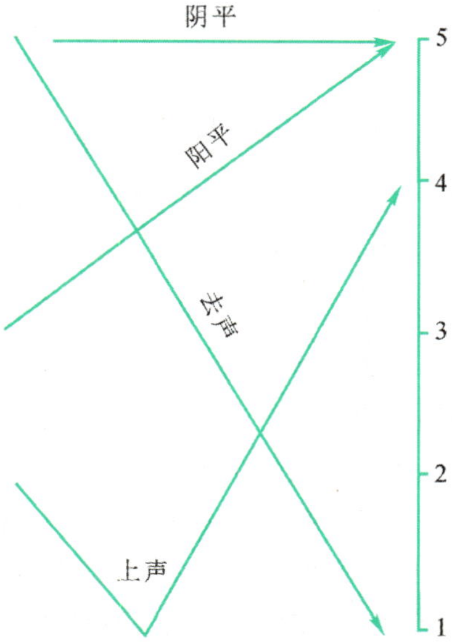

图 2-1　五度标调法

（二）调类、调号和调值的应用

1. 阴平调 (55 高平调)

阴平调是指声带绷到最紧，声调始终无升降变化，高而平。如：青春光辉、春天花开、公司通知、新屋出租。

2. 阳平调 (35 中升)

阳平调是指声带从不松不紧开始，逐步绷紧，直到最紧，声音从不低不高到最高。

如：人民银行、连年和平、农民犁田、圆形循环。

3. 上(shǎng)声调(214 降升)

上声调是指起音半低，先降后升，214 调。声带从略微有些紧张开始，立刻松弛下来，稍稍延长，然后迅速绷紧，但没有绷到最紧。如：彼此理解、理想美满、永远友好、管理很好。

4. 去声调(51 高降)

去声调是指起音高，接着往下滑，51 调。声带从紧张开始到完全松弛为止，声音从高到低，音长是最短的。如：下次注意、世界教育、报告胜利、创造利润。

五、音变

在日常生活中，人们在说话交流时不是单独一个字一个字地说，而是根据表达的内容把若干个音节连起来组合成连贯的句子和段落，形成自然连续的语流。在连续的语流中，一个音节受到前后音节的影响，或受到说话速度快慢、音量高低等因素的影响会使发音发生一定的变化，这种现象就是音变，或者叫作语流音变。常见的音变现象有变调、轻声、儿化和语气词“啊”的变读等。

（一）变调

在多个音节连续发音时，其中有的音节因受到前后相邻音节声调的影响，会发生声调的变化，这种现象叫作变调。普通话中的变调现象主要包括上声变调和“一”“不”的变调。

1. 上声变调

上声的调值是 214，在单个音节发音或在多音节词尾、句子末尾时，调值不变；而在词语或句子中间时，上声会发生变调现象，主要包括以下几种情况：

(1) 两个上声相连时，前一个上声变为阳平，即阳平 (35) + 上声 (214)。例如：

党委 (dǎng wěi)　　美好 (měi hǎo)　　理想 (lǐ xiǎng)

鼓舞 (gǔ wǔ)　　保险 (bǎo xiǎn)　　勇敢 (yǒng gǎn)

(2) 上声在非上声 (阴平、阳平、去声、轻声) 之前变为半上声 (211)，只降不升。例如：

祖国 (zǔ guó)　　海洋 (hǎi yáng)　　满足 (mǎn zú)

旅行 (lǚ xíng)　　土地 (tǔ dì)　　演出 (yǎn chū)

(3) 三个上声相连时，前两个上声要变调，具体分为以下两种情况：

① 前两个音节在语法上联系密切，在连读时都变为阳平，即阳平 (35) + 阳平 (35)。例如：

表演者 (biǎo yǎn zhě)　草稿纸 (cǎo gǎo zhǐ)　展览馆 (zhǎn lǎn guǎn)

② 后两个音节在语法上联系密切，在连读时前两个音节变为半上声 (211) + 阳平 (35)。例如：

冷处理 (lěng chǔ lǐ)　女导演 (nǚ dǎo yǎn)　小拇指 (xiǎo mǔ zhǐ)

(4) 上声在由上声变来的轻声前面有两种变调，具体如下：

① 变为半上声 (211)。例如：

姐姐 (jiě　jie)　　马虎 (mǎ　hu)　　耳朵 (ěr　duo)

② 变为阳平 (35)。例如：

手里 (shǒu　lǐ)　　走走 (zǒu　zǒu)　　哪里 (nǎ　lǐ)

2. “一”的变调

“一”的原调是阴平 (55)，单念或在词句末尾，以及“一”表示序数时念原调。例如：

第一 (dì　yī)　　一等奖 (yī　děng　jiǎng)　　三十一 (sān　shí　yī)

“一”的变调情况包括：

(1) “一”在去声前面时，变为阳平 (35)+ 去声。例如：

一万年 (yí　wàn　nián)　　一个月 (yí　gè　yuè)　　一定 (yí　dìng)

一共 (yí　gòng)　　一律 (yí　lǜ)　　一致 (yí　zhì)

(2) “一”在非去声 (阴平、阳平、上声) 前时，变为去声 (51) + 非去声。例如：

一天 (yì　tiān)　　一年 (yì　nián)　　一起 (yì　qǐ)

一般 (yì　bān)　　一直 (yì　zhí)　　一同 (yì　tóng)

(3) “一”夹在重叠式动词之间时，变为轻声，属于“次轻音”。例如：

看一看 (kàn　yi　kàn)　　想一想 (xiǎng　yi　xiǎng)　　听一听 (tīng　yi　tīng)

3. “不”的变调

“不”的原调是去声 (51)，单念、在非去声前或在词句末尾时念原调。例如：

不 (bù)　　不好 (bù　hǎo)　　不难 (bù　nán)

“不”的变调情况包括：

(1) “不”在去声前面时，变为阳平 (35)+ 去声。例如：

不必 (bú　bì)　　不但 (bú　dàn)　　不要 (bú　yào)

(2) “不”夹在重叠式动词中间时，变为轻声，属于“次轻音”。例如：

好不好 (hǎo　bu　hǎo)　　来不来 (lái　bu　lái)　　走不走 (zǒu　bu　zǒu)

（二）轻声

普通话音节在通常情况下都有一个固定的声调，但是某些普通话音节在词和句子中使用时失去了它原有的声调，变成了一种既轻又短的调子，甚至声母、韵母也发生了变化，这就是轻声。

1. 轻声的规律

轻声音节的主要特点是“轻”和“短”，常出现在口语中，一般具有以下规律：

(1) 语气助词“吗、呢、呀、吧”等读轻声。例如：

是吗 (shì　ma)　　他呢 (tā　ne)　　谁呀 (shuí　ya)

(2) 助词“着、了、过、的、地、得、们”等读轻声。例如：

看过 (kàn　guo)　　忙着 (máng　zhe)　　来了 (lái　le)

我的 (wǒ　de)　勇敢地 (yǒng　gǎn　de)　朋友们 (péng　yǒu　men)

(3) 名词的后缀“子、头、巴、么”等读轻声。例如：

桌子 (zhuō　zi)　椅子 (yǐ　zi)　木头 (mù　tou)

石头 (shí　tou)　嘴巴 (zuǐ　ba)　那么 (nà　me)

(4) 表示方位的词一般读轻声。例如：

墙上 (qiáng　shang)　河里 (hé　li)　天上 (tiān　shang)

地下 (dì　xia)　底下 (dǐ　xia)　那边 (nà　bian)

(5) 叠音词和动词的重叠形式的第 2 个音节、ABAB 式动词的第 2 个和第 4 个音节、AABB 式形容词的第 2 个音节都读轻声。例如：

弟弟 (dì　di)　奶奶 (nǎi　nai)　谈谈 (tán　tan)

研究研究 (yán　jiu　yán　jiu)　讨论讨论 (tǎo　lun　tǎo　lun)

热热闹闹 (rè　re　nāo　nao)　老老实实 (lǎo　lao　shí　shí)

(6) 趋向动词做趋向补语时一般读轻声。例如：

出来 (chū　lai)　进去 (jìn　qu)　站起来 (zhàn　qi　lai)

(7) 某些常用双音节词的第 2 个音节按照习惯读轻声。例如：

明白 (míng　bai)　暖和 (nuǎn　huo)　萝卜 (luó　bo)

玻璃 (bō　li)　眼睛 (yǎn　jing)　葡萄 (pú　tao)

2. 轻声的词汇语法作用

轻声是一种语音现象，同时也具有词汇、语法作用。有些词语是否读轻声，其含义和用法相应会有所不同。

(1) 区分词义。有些词语中的音节读轻声和非轻声，词义会不相同。例如：

东西：东方和西方。
东西：泛指各种事物。

地方：各级行政区划的统称。
地方：区域，空间，部位。

地道：地下坑道。
地道：真正的，纯粹的。

(2) 改变词性。有些情况下，轻声不但改变了词义，而且改变了词性。例如：

大意：名词，主要的意思。
大意：形容词，疏忽，不注意。

精神：名词，指人的意识、思维活动。
精神：形容词，活跃，有生气。

（三）儿化

普通话中，词尾的后缀“儿”和前面音节的韵母合成一个音节，并且使该音节的韵母变成卷舌的韵母，这种音变现象叫作“儿化”，儿化后的韵母叫作“儿化韵”。

1. 儿化的作用

儿化在表达词语的语法意义和修辞色彩上都起着积极的作用。儿化具有区分词义和词性的作用。有的儿化仅区分词义，例如“头”和“头儿”都是名词，一个是指脑袋，一个是指具体的人。有的儿化既可区分词义，又可区分词性，例如盖(动词)与盖儿(名词)。

2. 儿化的音变规律

(1) 韵尾是 a、o、e、u 的音节，儿化时在韵母后直接加一个卷舌。例如：

小猴儿 (xiǎo hóur)　　山坡儿 (shān pōr)　　台阶儿 (tái jiēr)

(2) 韵尾是 i、n(除 in、ün 以外) 的音节，儿化时去掉韵尾的 i、n，加 r。例如：

作文儿 (zuò wér)　　糖块儿 (táng kuàr)　　小孩儿 (xiǎo hár)

(3) 韵母是 in、ün 的音节，儿化时去掉韵尾的 n，加 er。例如：

小裙儿 (xiǎo qúer)　　脚印儿 (jiǎo yìer)　　背心儿 (bèi xīer)

(4) 韵母是 i、ü 的音节，儿化时加 er。例如：

有趣儿 (yǒu qùer)　　小鱼儿 (xiǎo yúer)　　眼皮儿 (yǎn píer)

(5) 韵母是 -i(前)、-i(后) 的音节，儿化时去掉 -i，加 er。例如：

果汁儿 (guǒ zher)　　瓜子儿 (guā zer)　　树枝儿 (shù zher)

(6) 韵尾是 ng(除 ing 以外) 的音节，儿化时去掉韵尾的 ng，加 r，韵母发鼻音并卷舌。例如：

信封儿 (xìn fēr)　　药方儿 (yào fār)　　蛋黄儿 (dàn huár)

(7) 韵母是 ing 的音节，去掉韵尾的 ng，加 er，韵母发鼻音并卷舌。例如：

打鸣儿 (dǎ míer)　　水瓶儿 (shuǐ píer)　　打铃儿 (dǎ líer)

(四) 语气词“啊”的变读

在普通话语流中，语气词“啊”的音变受它前面音节末尾音素的影响而有所不同，呈现出的规律如下。

(1) 当“啊”前面音节的末尾音素是 a、e、i、ü 或 o(不包括 ao、iao) 时，“啊”发“ya”的音，相当于“呀”。例如：

吃鱼啊(呀)　　真大啊(呀)　　好绿啊(呀)

(2) 当“啊”前面音节的末尾音素是 u、ao 或 iao 时，“啊”发“wa”的音，相当于“哇”。例如：

真苦啊(哇)　　快来瞧啊(哇)　　好高啊(哇)

(3) 当“啊”前面音节的末尾音素是 n 时，“啊”发“na”的音，相当于“哪”。例如：

天啊(哪)　　快来看啊(哪)　　当心啊(哪)

(4) 当“啊”前面音节的末尾音素是 ng 时，“啊”发“nga”的音。例如：

真香啊 (nga)　　真冷啊 (nga)　　这样啊 (nga)

(5) 当“啊”前面音节的韵母是 -i(前) 时，“啊”发“za”的音。例如：

下次啊 (za)　　什么意思啊 (za)　　骗子啊 (za)

(6) 当“啊”前面音节的末尾音素是 er 或前面音节的韵母是 -i(后)时，“啊”发“ra”的音。例如：

快吃啊 (ra)　　怎么回事啊 (ra)　　喜事啊 (ra)

练一练

1. 列举所有元音音素和辅音音素，通过发音练习感受元音音素与辅音音素的异同。

练一练答题指导

2. 什么是音节？音节的构成要素包括哪些？

3. 发音训练。

流利　历练　料理　劳累　玲珑

泥泞　牛奶　能耐　男女　南宁

暖流　尼龙　嫩绿　奶酪　凝练

烂泥　留念　落难　岭南　利尿

发现—花钱	舅父—救护	西服—西湖	发生—花生
福利—狐狸	废话—绘画	防虫—蝗虫	附注—互助
房后—皇后	斧背—虎背	栽花—摘花	木材—木柴
自力—智力	赞助—站住	一层—一成	三哥—山歌
散光—闪光	塞子—筛子	擦嘴—插嘴	早稻—找到
仪式—于是	名义—名誉	议论—舆论	以及—雨具
大哥—大锅	河水—活水	喝酒—获救	计策—记错
肚子—豆子	炉台—楼台	态度—泰斗	突击—偷鸡
倦意—建议	全程—前程	方圆—方言	庄园—庄严
列表—略表	日夜—日月	猎取—掠取	切实—确实
大家—大街	推下—推卸	红霞—红鞋	一架—一届
担心—当心	反问—访问	女篮—女郎	粘贴—张贴
陈旧—成就	同门—同盟	诊断—整段	真气—蒸汽
信服—幸福	劲头—镜头	因而—婴儿	人民—人名
正视—重视	耕种—公众	恒星—红星	征用—中用

4. 绕口令训练。

(1) 八百标兵奔北坡，炮兵并排北边跑。炮兵怕把标兵碰，标兵怕碰炮兵炮。

(2) 吃葡萄不吐葡萄皮儿，不吃葡萄倒吐葡萄皮儿。

(3) 红凤凰，黄凤凰，粉红墙上飞凤凰；凤凰飞，飞凤凰，洪荒凤凰飞北方。

(4) 白石塔白石搭，白石搭白塔，白塔白石搭。搭好白石塔，白塔白又大。

(5) 四是四，十是十，十四是十四，四十是四十。谁能说准四十、十四、四十四，谁来试一试。谁说十四是四十，就打谁十四。谁说四十是细席，就打谁四十。

(6) 门前一堆肥，门后一堆灰。肥和灰，灰和肥，不知是肥肥过灰，还是灰肥过肥。

(7) 坡上立着一只鹅，坡下就是一条河。宽宽的河，肥肥的鹅，鹅要过河，河要渡鹅。不知是鹅过河，还是河渡鹅。

(8) 六十六岁刘老六，修了六十六座走马楼，楼上摆了六十六瓶苏合油，门前栽了六十六棵垂杨柳，柳上拴了六十六个大马猴。忽然一阵狂风起，吹倒了六十六座走马楼，打翻了六十六瓶苏合油，压倒了六十六棵垂杨柳，吓跑了六十六个大马猴，气死了六十六岁刘老六。

(9) 板凳宽，扁担长。扁担没有板凳宽，板凳没有扁担长。扁担绑在板凳上，板凳不让扁担绑在板凳上，扁担偏要扁担绑在板凳上。

(10) 打南边儿来了个喇嘛，手里提拉着五斤鳎目；打北边儿来了个哑巴，腰里别着个喇叭。南边儿提拉鳎目的喇嘛，要拿鳎目换北边儿别喇叭的哑巴的喇叭，哑巴不乐意拿喇叭换提拉鳎目的喇嘛的鳎目，喇嘛非要拿鳎目换别喇叭的哑巴的喇叭。喇嘛抡起鳎目抽了别喇叭的哑巴一鳎目，哑巴摘下喇叭打了提拉鳎目的喇嘛一喇叭。也不知是提拉鳎目的喇嘛抽了别喇叭的哑巴几鳎目，还是别喇叭的哑巴打了提拉鳎目的喇嘛几喇叭。只知道，喇嘛炖鳎目，哑巴嘀嘀嗒嗒吹喇叭。

5. 语音训练。

组织　老实　影响　美好　保险　举止　洗脸水　手写体

不会　不必　不够　不在　去不　去来　不来　亮不亮　黑不黑

一道　一贯　一岁　一路　一生　一举　一两　一头

数一数　看一看　拉一拉　读一读

6. 语句练读。

(1) 大猫毛短，小猫毛长，大猫毛比小猫毛短，小猫毛比大猫毛长。

(2) 松树住松鼠，松鼠爬松树。鼠爬松树树住鼠，鼠住松树鼠爬树。

(3) 干什么工作都要一心一意，表里如一，言行一致，一丝不苟。
情绪不能一高一低，一好一坏，一落千丈，一蹶不振。
做事必须一是一，二是二，一清二楚，说一不二。
要一不做，二不休，一不怕苦，二不怕累。
不屈不挠，一切从零开始；决不能一而再，再而三地说不字。
不怕不会，就怕不学，一回学不会再来一回。一直学到会，我就不信学不会。

(4) 好吧　我们　过来　石头
屋里　底下　房子　影子
包袱　伙计　力气　困难
老爷　麻烦　名字　漂亮
衣服　养活　消息　委屈
踏实　运气　招呼　意思
痛快　岁数　体面　笑话
收拾　认识　篱笆　马虎

(5) 大家快来吃西瓜啊！
日子过得真快啊！
这孩子多开心啊！
您在哪儿住啊？

她普通话说得真好啊！
屋顶还漏不漏啊？
买这么些冷饮啊！
小点儿声啊！
随便吃啊！
这儿多好玩儿啊！
这是第几次啊？
他就是老五啊！

任务三 了解普通话水平测试

课程案例

小明是某高校一名大学二年级的学生，为了毕业后求职顺利，增加自身的竞争力，积极报名参加了普通话水平测试，他认为自己从小到大说的都是普通话，所以普通话测试应该很简单，不用精心准备就应该可以通过。结果考过后没有拿到满意的等级，他很疑惑，不知道问题出在哪里，也不知道该如何努力才能提高成绩。

想一想

在这个案例中，小明为什么拿不到满意的等级？他该怎样去努力才能够提高他的普通话测试成绩呢？

提示解析

案例中的大学生小明觉得自己的普通话底子较好，自认为普通话水平测试就是说说普通话，不了解普通话水平测试的规则和技巧，且自己对普通话也掌握得不够精准，导致他没有拿到满意的等级。因此了解普通话水平测试的要求和规则，重视普通话的练习，普通话水平才能够进一步提高，才能在测试中拿到满意的等级。

课前练习

尝试练习普通话水平测试样卷，了解普通话水平测试的内容及题目样式。

一、普通话水平测试概述

普通话作为我们国家的官方语言，是我们日常生活中沟通交流的工具。社会对普通话的重视程度越来越高，在求职或实际工作中，很多岗位都要求从业人员取得相应的普通话水平测试等级证书，来满足工作岗位的需要。大家在社会生活中也需要通过普通话来实现有效的信息传递。

（一）什么是普通话水平测试?

普通话水平测试 (Putonghua Shuiping Ceshi，PSC) 是对应试者运用普通话的规范程度、熟练程度的考试，测试以口试方式进行，根据测试中应试者普通话的掌握情况认定其普通话水平等级，并由国家专门机构发放全国通用的资格证书。

（二）普通话水平测试等级标准

1997 年国家语言文字工作委员会颁布了《普通话水平测试等级标准（试行）》。该标准规定，普通话等级自高而低分为一、二、三级，每个级别又分为甲、乙两个等次，即三级六等：“三级”是将普通话水平分为一级、二级和三级，一级可称为标准的普通话，二级可称为比较标准的普通话，三级可称为一般水平的普通话；“六等”是指在每一级中进一步分出的甲等和乙等。具体标准如下：

一级甲等：朗读和自由交谈时，语音标准，词汇、语法正确无误，语调自然，表达流畅。测试总失分率在 3% 以内，即 97 分及以上。

一级乙等：朗读和自由交谈时，语音标准，词汇、语法正确无误，语调自然，表达流畅；偶然有字音、字调失误。测试总失分率在 8% 以内，即 92 分及以上但不足 97 分。

二级甲等：朗读和自由交谈时，声母、韵母、语调、字音基本标准，语调自然，表达流畅；少数难点音（平舌音和翘舌音、前鼻尾音和后鼻尾音、边音和鼻音等）有时出现失误；词汇、语法极少有错误。测试总失分率在 13% 以内，即 87 分及以上但不足 92 分。

二级乙等：朗读和自由交谈时，个别调值不准，声母、韵母发音有不到位现象；难点音（平舌音和翘舌音、前鼻尾音和后鼻尾音、边音和鼻音不分，fu—hu、z—zh—j 不分，送气和不送气不分，i—ü 不分，保留浊塞音和浊塞擦音，丢介音，复韵母单音化等）失误较多；方言语调不明显；有使用方言词、方言语法的情况。测试总失分率在 20% 以内，即 80 分及以上但不足 87 分。

三级甲等：朗读和自由交谈时，声母、韵调发音失误较多，难点音失误超出常见范围，声调调值多不准确；方言语调较明显；词汇、语法有失误。测试总失分率在 30% 以内，即 70 分及以上但不足 80 分。

三级乙等：朗读和自由交谈时，声母、韵调发音失误较多，方音特征突出；方言语调明显；词汇、语法失误较多；外地人听其谈话有听不懂的情形。测试总失分率在 40% 以内，即 60 分及以上但不足 70 分。

《普通话水平测试等级标准》是全国统一的标准，是制定《普通话水平测试大纲》的重要依据。

（三）测试内容和范围

普通话水平测试的内容包括普通话语音、词汇和语法。

普通话水平测试的范围是国家测试机构编制的《普通话水平测试用普通话词语表》《普通话水平测试用普通话与方言词语对照表》《普通话水平测试用普通话与方言常见语法差异对照表》《普通话水平测试用朗读作品》《普通话水平测试用话题》。

（四）试卷内容、评分依据和应试技巧

普通话水平测试试卷由四部分组成，分别是读单音节字词、读多音节词语、朗读短文和命题说话。

1. 读单音节字词

读单音节字词 (100 个音节，不含轻声、儿化音节)，限时 3.5 分钟，共 10 分。

(1) 目的：测查应试者声母、韵母、声调读音的标准程度。

(2) 要求：100 个音节中，每个声母出现的次数一般不少于 3 次，每个韵母出现的次数一般不少于 2 次，4 个声调出现次数大致均衡；音节的排列要避免同一测试要素连续出现。

(3) 评分标准：

① 语音错误，每个音节扣 0.1 分，是指把音节中的声母、韵母或声调完全读成其他音节的声母、韵母或声调，语音发音错误。

② 语音缺陷，每个音节扣 0.05 分，是指声母、韵母或声调发音不准确。

③ 超时 1 分钟以内，扣 0.5 分；超时 1 分钟以上 (含 1 分钟)，扣 1 分。

(4) 应试技巧：

① 按照从左到右的顺序横向阅读，避免漏读整行。

② 声音清晰响亮，语速适中。

③ 多音字只需读出一种正确发音即可，不要先后读多个。

④ 每个字读一遍，如读错可再读第二遍正确的，系统会以第二遍读音为准计分。注意：只允许改读一遍，不能再读多遍。

⑤ 遇到不会念的字时必须读一个音。

⑥ 注意声调的标准，不能读出轻声和儿化音。

2. 读多音节词语

读多音节词语 (100 个音节)，限时 2.5 分钟，共 20 分。

(1) 目的：测查应试者声母、韵母、声调和变调、轻声、儿化音读音的标准程度。

(2) 要求：声母、韵母、声调出现的次数与读单音节字词的要求相同；上声与上声相连的词语不少于 3 个，上声与非上声相连的词语不少于 4 个，轻声音不少于 3 个，儿化音不少于 4 个 (应为不同的儿化韵母)；词语的排列要避免同一测试要素连续出现。

(3) 评分标准：

① 语音错误，每个音节扣 0.2 分。

② 语音缺陷，每个音节扣 0.1 分。

③ 超时 1 分钟以内，扣 0.5 分；超时 1 分钟以上 (含 1 分钟)，扣 1 分。

④ 双音节词语中重格式处理不当，每次扣 0.1 分。

(4) 应试技巧：

① 按照从左到右的顺序横向阅读，避免漏读整行。

② 声音清晰响亮，语速适中，单个词语要连读，不要一字一顿，词与词之间要有时间间隔。

③ 要注意必读儿化音、轻声音、上上相连的词语。

④ 每个字读一遍，如读错可再读第二遍正确的，系统会以第二遍读音为准计分。注意：只允许改读一遍，不能再读多遍。

3. 朗读短文

朗读短文 (1 篇，400 个音节)，限时 4 分钟，共 30 分。

(1) 目的：测查应试者使用普通话朗读书面作品的水平。在测查声母、韵母、声调读音标准程度的同时，重点测查连读音变、停连、语调以及流畅程度。

(2) 要求：短文从《普通话水平测试用朗读作品》中选取，评分以朗读作品的前 400 个音节 (不含标点符号和括住的音节) 为限。

(3) 评分标准：

① 每错 1 个音节，扣 0.1 分；漏读或增读 1 个音节，扣 0.1 分。

② 声母或韵母的系统性语音缺陷，视程度扣 0.5 分、1 分。

③ 语调偏误，视程度扣 0.5 分、1 分、2 分。

④ 停连不当，视程度扣 0.5 分、1 分、2 分。

⑤ 朗读不流畅 (包括回读)，视程度扣 0.5 分、1 分、2 分。

⑥ 超时扣 1 分。

(4) 应试技巧：

① 熟悉文章，充分理解其含义，避免出现增、减、换、错现象。

② 自然流畅，不重复回读，停连得当。

③ 以 400 个音节为限，超出标注的双斜线部分后，出现错误不扣分。

4. 命题说话

命题说话，限时 3 分钟，共 40 分。

(1) 目的：测查应试者在无文字凭借的情况下说普通话的水平，重点测查语音标准程度、词汇语法规范程度和语言表达自然流畅程度。

(2) 要求：说话话题从《普通话水平测试用话题》中选取；由应试者从给定的两个话题中选定 1 个话题，连续说一段话；应试者单向说话。

(3) 评分标准：

① 语音标准程度，共 25 分。分六档：

一档：语音标准，或极少有失误。视程度扣 0 分、1 分、2 分。

二档：语音错误在 10 次以下，有方音但不明显。视程度扣 3 分、4 分。

三档：语音错误在 10 次以下，但方音比较明显；或语音错误在 10 ～ 15 次之间，有方音但不明显。视程度扣 5 分、6 分。

四档：语音错误在 10 ～ 15 次之间，方音比较明显。视程度扣 7 分、8 分。

五档：语音错误超过 15 次，方音明显。视程度扣 9 分、10 分、11 分。

六档：语音错误较多，方音重。视程度扣 12 分、13 分、14 分。

② 词汇语法规范程度，共 10 分。分三档：

一档：词汇、语法规范。扣 0 分。

二档：词汇、语法偶有不规范的情况。视程度扣 1 分、2 分。

三档：词汇、语法屡有不规范的情况。视程度扣 3 分、4 分。

③ 语言表达自然流畅程度，共 5 分。分三档：

一档：语言自然流畅。扣 0 分。

二档：语言基本流畅，口语化较差，有背稿子的表现。视程度扣 0.5 分、1 分。

三档：语言不连贯，语调生硬。视程度扣 2 分、3 分。

④ 说话不足 3 分钟，酌情扣分：缺时 1 分钟以内 (含 1 分钟)，视程度扣 1 分、2 分、3 分；缺时 1 分钟以上，视程度扣 4 分、5 分、6 分；说话不满 30 秒 (含 30 秒)，本测试项成绩计为 0 分。

⑤ 离题、内容雷同，视程度扣 4 分、5 分、6 分。

⑥ 无效话语，累计占时酌情扣分：累计占时 1 分钟以内（含 1 分钟），视程度扣 1 分、2 分、3 分；累计占时 1 分钟以上，视程度扣 4 分、5 分、6 分；有效话语不满 30 秒（含 30 秒），本测试项成绩计为 0 分。

(4) 应试技巧：

① 内容要充实，做到言之有物、言之有理、言之有文。

② 发音准确，语调自然。

③ 语法正确，少用长句，自然流畅。

③ 不背稿，提前搭建好框架，列好提纲，整体内容相对完整，有头有尾。

④ 说足 3 分钟。

二、计算机辅助普通话水平测试指南

1. 计算机辅助普通话水平测试

计算机辅助普通话水平测试 (以下简称“机辅测试”) 是通过计算机语音识别系统，部分代替人工评测，对普通话水平测试中应试者朗读的第一项“读单音节字词”、第二项“读多音节词语”和第三项“朗读短文”的语音标准程度进行辨识和评测。机辅测试不同于测试员与应试者面对面的人工测试方式，它采用应试者直接面对计算机这种测试方式。其中，第一题至第三题测试由计算机评分，最后一题测试由管理人员把应试者的说话录音分配给测试员，测试员不面对应试者直接评分。

2. 机辅测试流程

机辅测试由候测 (信息采集)、正式测试两个主要环节组成。

(1) 信息采集：应试者在测试当天须携带身份证、准考证，在计算机上依次完成身份信息验证、照片采集、系统随机抽签。

(2) 正式测试：应试者完成人脸验证登录后先核对信息，然后戴上耳机开始试音，试音成功后开始进行正式测试。

3. 正式测试操作步骤

(1) 系统进入第一题，界面提示“第一题，读单音节字词，限时 3.5 分钟，请横向朗读”，当应试者听到“嘟”声后，开始朗读试卷内容。图 2-2 所示为第一题测试界面。

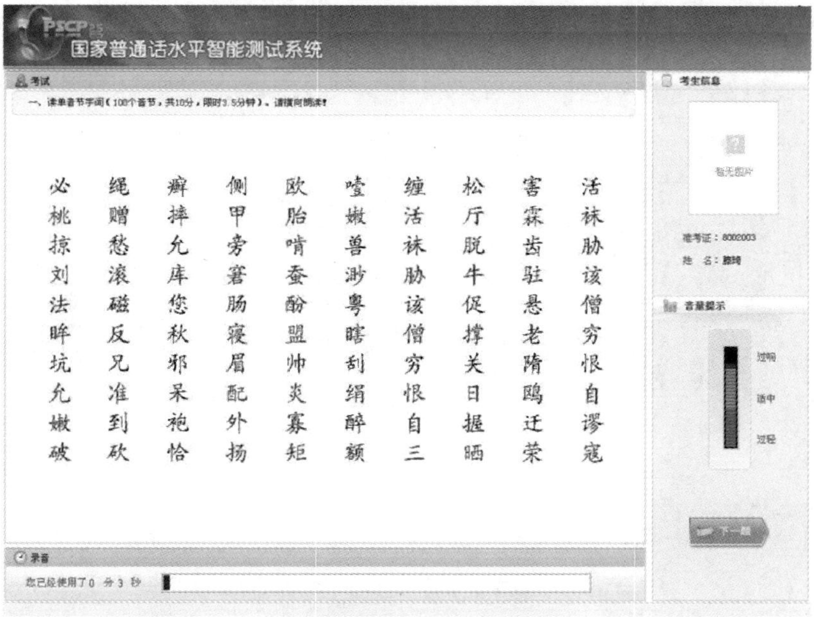

图 2-2　第一题测试界面

(2) 第一题测试完成后，单击右下角“下一题”按钮，即进入第二题测试界面，如图 2-3 所示。

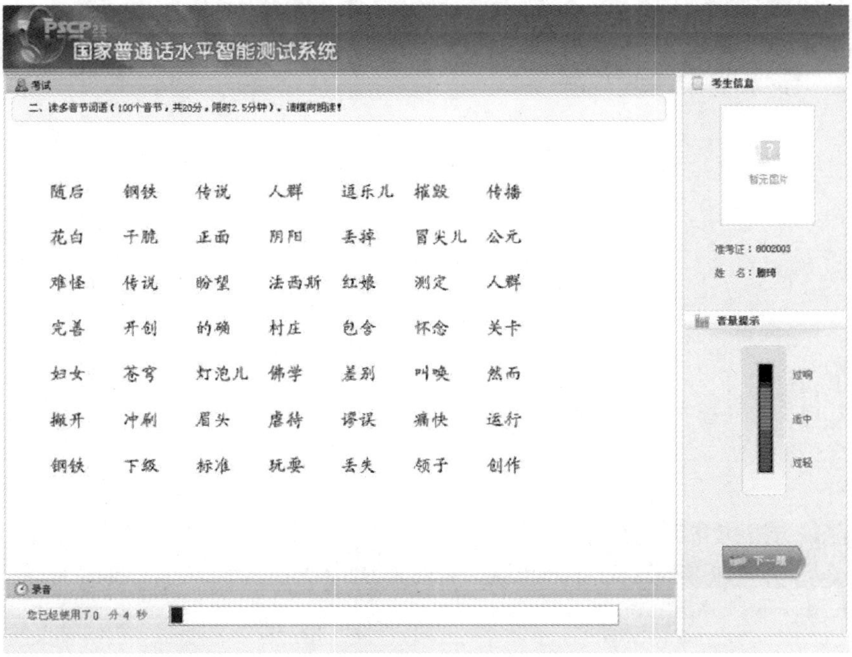

图 2-3　第二题测试界面

(3) 第二题测试完成后，单击右下角“下一题”按钮，即进入第三题测试界面，如图 2-4 所示。

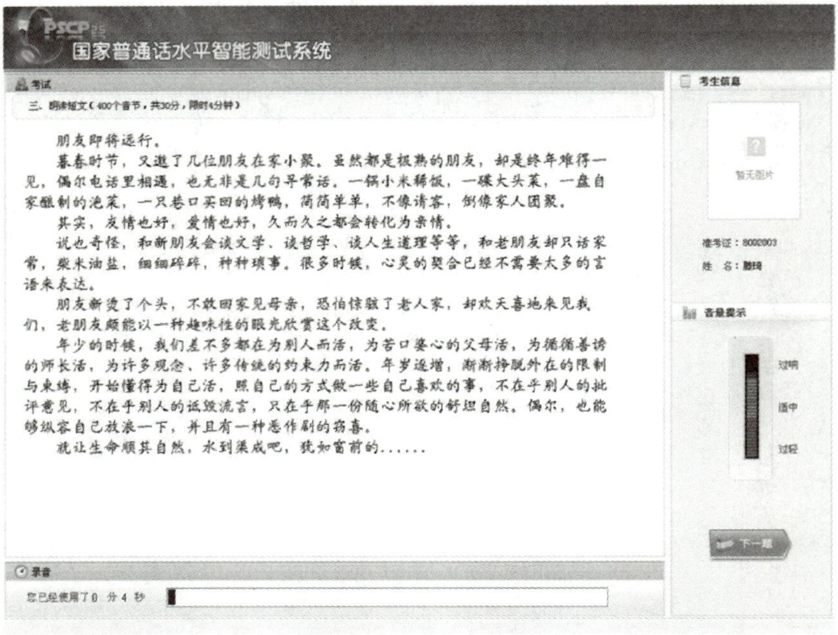

图 2-4　第三题测试界面

(4) 第三题测试完成后，单击右下角“下一题”按钮，进入第四题测试界面，如图 2-5 所示。

图 2-5　第四题测试界面

3 分钟倒计时结束后，系统会自动提交试卷并弹出信息提示框，表示测试成功。

三、普通话水平测试的应对策略

1. 持续积累

在树立了参加普通话水平测试的目标后，应按照普通话水平测试要求，及时收集《普通话水平测试用普通话词语表》等相关学习资料，为测试奠定基础。语言的运用是一个循序渐进的积累过程，每一名应试者都应该认真学习《普通话水平测试大纲》，反复练习《普通话水平测试用普通话词语表》中的字、词等学习内容，积累字、词，熟悉所有的考试知识点，这样才有可能取得好成绩。

2. 积极锻炼语言表达能力

普通话水平测试是通过口试来完成的，尤其是占比最高的命题说话部分，更考查应试者的语言运用能力和表达能力，这就需要在日常学习、生活中，积极主动地去锻炼“说”，精心组织语言，认真对待每一次练习，努力提升语言运用能力和表达能力。同时要做一个认真的“倾听者”，从中学习他人的语言运用方法，以增加自身的语言知识积累。

3. 沉着冷静应考

应试者在考试时的情绪及状态是影响普通话水平测试成绩的重要因素。过度紧张会使得应试者在测试时的语气、语调及语言组织过程受到影响，从而导致测试分数偏低。因此，应试者要做到保持稳定的情绪，沉着冷静应考。

练一练

1. 普通话水平测试的试题共有几种类型？测试时长及分数占比分别是多少？
2. 测试中第四题“命题说话”的答题要领是什么？

练一练答题指导

项目三 生活应用——社交口才

知识目标

(1) 掌握待人接物过程中沟通表达的基本知识和相关技巧。

(2) 掌握社会交往中沟通表达的基本知识和相关技巧。

技能目标

(1) 能够熟练地待人接物，避免出现明显失误。

(2) 能够灵活运用批评、赞美、拒绝和说服等相关口才技巧，做一个受欢迎的社交“达人”。

情感目标

(1) 在待人接物中懂得尊重他人，以礼相待。

(2) 在社会交往中善于拉近情感距离，营造和谐的人际关系氛围。

任务一 懂得待人接物

课程案例

年轻人李华在去王村的路上遇到一位老人家，于是上前问路：“喂，从这到王村还有多远？”老人家回答：“两巴掌。”李华以为老人家听错了，就解释道：“我问的是路，应该按里算，怎么能按巴掌算呢？”老人家说：“按理？按理你该叫我大爷！”李华意识到自己失礼了，于是赶紧笑着对老人家说：“对不起，大爷，我刚才没礼貌，冒犯您了，您别生气。请问到王村还有多远啊？”老人家看到年轻人诚心诚意道歉了，就告诉他还有五里，年轻人有礼貌地道谢。

想一想

李华在向老人家求助时，犯了什么错误？后来是怎样改正错误的？

提示解析

我们在向人求助时，一定要有礼貌，否则对方很可能不愿意帮助我们。在这个案例中，李华应根据对方的性别、年龄正确地称呼对方“大爷”“大伯”“大叔”等，然后再说问候语，最后说出想求助的事情。例如，“大爷，您好！请问这里离王村还有多远？”说话时还要注意语气、表情等，最好面带微笑，这是人与人交往最基本的礼貌。

课前练习

张华第一次带女朋友小丽去自己家见父母。请四位同学分别扮演张华、小丽、张华的父亲和母亲，表演内容主要包括敲门、打招呼、介绍、寒暄以及就座后的简单交谈，时间控制在 5 分钟以内。

学生表演完毕后，请其他学生对表演组的表现进行评价、分析，并指出他们表演的可取之处和不足之处。

在日常人际交往中，应根据不同的场合和交际对象选择合适的语言表达方式。日常人际交往场合可以简单分为公开场合和私下场合。公开场合一般有第三人在场，或者人数更多；私下场合一般只有谈话的两个人。交际对象可以分为“生人”和“熟人”。例如，我们想获取交际对象的基本情况，如姓名、年龄、职业等信息，针对不同的场合和交际对象，需要采用不同的语言表达方式。

情境 1：公安民警面对犯罪嫌疑人，讯问基本情况，一般会用较为严肃的口吻直接问：“姓名，年龄，职业？”对方直接回答：“张华，28 岁，无业。”

情境 2：社会工作者王梅深入社区走访调查，她和颜悦色，略带关切地询问 80 多岁的老太太吴华。

王梅：“大妈，您叫啥名字？今年多大岁数了？”

吴华：“我叫吴华，今年 84 了。”

王梅：“您现在一直都在家吗？平时生活靠养老金还是孩子供养您？您的主要收入来源是什么？”

吴华：“现在因为腿脚不方便，每天很少出门。我儿子很早就出国了。女儿前年出车祸死了，她离婚了，保险的赔偿金分给我一半，加上儿子每年给我寄一些钱来，现在生活还过得去。平时邻居们都很照顾我。”

情境 3：在日常朋友聚会时，老同学带了新朋友，可以热情地问：“初次见面，请多关照。请问您贵姓？在哪里高就？”对方回答：“免贵姓李，在方圆公司当财务主管。”“哎呀，看您也不过 30 岁，年纪轻轻就是财务主管，掌握财政大权，真是年轻有为啊！”“不敢当，不敢当，我今年已经 35 岁了，承蒙老板信任，把财务工作交给我，我也是替人打工而已。”

上面的例子中，问话人想要得到的信息基本是一致的，但是因为说话的场合和交际对象都不相同，所以采用的语言表达方式也不同。在人际交往过程中，一项重要的交际原则就是根据场合和交际对象选择合适的用语。

《左传·隐公十一年》中谓："礼，经国家，定社稷，序民人，利后嗣者也。"中华民族是"礼仪之邦"，自古就有懂礼、习礼、守礼、重礼的习俗，"礼"深含人类对宇宙天地的敬畏，对德性的追寻，对美好生活的期待，对社会秩序的协调。从古至今，礼仪规范着人们的道德和行为，是日常生活的准则，是社会文明的象征，也是中华民族优秀的传统文化的一部分。在日常生活中，礼仪也是人与人交往的方式，例如见面时的招呼、寒暄、迎来送往等都有相应的规范，不仅体现在行动上，也表现在语言中。

一、招呼

招呼，就是打招呼，一般用于人与人之间的相互问候，这也是人之常情。见到熟人不打招呼，是不礼貌的。需要和陌生人沟通，也要先礼貌地打招呼，然后再说事情，才不显得唐突。因此，打招呼是人际交往的第一步。

打招呼一般用于见面时的简单交谈，可能只有称呼，如"张华""师姐""学长""总经理""张校长""李会计"等。打招呼时还可以加上问候语，例如，"王医生，您好！""李主任，早上好！"有时打招呼还可以是无声的形式，例如在特殊场合(如卫生间)、彼此相距较远(如双方在马路的两侧)或不方便出声(如一方正在接打电话)时，可以只用态势语言打招呼，如注视对方、微笑、点头、招手示意。如果是在庄重肃穆的场合，可以不微笑，只用眼神交流，同时微微点头即可。

要注意的是，打招呼不仅仅用于见面时，也用于离开时，否则就会显得失礼。如果在聚会中，李华有突发状况不得不中途离席，要和聚会的主持者刘明说："刘哥，真的很抱歉，我有点事要处理，得先走一步了，大家吃好喝好。"如果此时刘明正在主持，或李华离刘明较远，需要经过很多人才能走到刘明身边，为了不惊动过多的人，李华可以只和身边的一位熟人说："老弟，不好意思啊，我有点事先走一步，麻烦你一会儿和刘哥解释一下。"一定不要在中途离开时对同桌的其他人说："我有事先走一步，哪位要走，一起啊，如果顺路可以搭我的车。"因为别人也许正玩得开心，这样说不仅会扫别人的兴，还会让主持聚会的人难堪。毕竟主持者还没宣布结束，自己中途离席本来就不合适，还想拉走几个人，这样就显得非常不礼貌了。

1. 称呼

打招呼时应该注意正确地称呼对方。称呼会随着时代发展而变化，20世纪80年代以前，人们经常互称"同志"；改革开放以后，"老板""先生""女士"等称呼逐渐增多。称呼也有地域差异，例如，有的地方称呼他人"伙计""老师"，即使对方不是伙计、老师，也可以这样称呼对方。

我们应视具体情况选择不同的称呼。可以用姓氏加上职务、职业、职称、学位、身份等称呼对方，如"李处长""张律师""李医生""李教授""刘博士""张老板""张总""李学长"等；对于有军衔的人，可以称呼对方"李将军""李团长"等；有时也可以不加姓氏，直接称呼对方"董事长""首长""老师"等；对于服务人员，可以称呼"服务员""师傅”“先生”“女士”等；在人多的场合，由于在场的人职务、身份等各有不同，可以称呼“女士们、先生们”“各位来宾”“亲爱的朋友们”等；如果对方是熟人，根据双方关系，可以称呼“阿姨”“李哥”“小张”等，有助于增进双方的亲切感。

对德高望重者可以称呼“先生”“老师”，如果对方年龄较大，可以在其姓氏后加“老”，如“张老”，也可以直接称呼“老先生”。对有些德高望重的知识女性也可以称“先生”，如知名作家杨绛被人称作“杨先生”。有一点要注意，生活中人们往往不喜欢被人以老人称呼，女性更是如此。因此，要根据对方的年龄，选择使对方显得年轻一些的称呼，对于女性如果能称呼“大姐”，尽量不要称呼“阿姨”。人多时，要讲究称呼的顺序，一般是先长后幼、先疏后亲、先上级后下级。

在非正式社交场合且不会让人误解的情况下，可以去掉职务或职称里的“副”“代”“助理”等字，即“就高不就低”，如“李(副)处长”“刘(副)教授”“张(代)市长”“高(助理)工程师”等；也可以把多音节词变为单音节词，如“李导(演)”“高工(程师)”“张处(长)”等。在正式社交场合，就不宜这样做，如严肃的办公会议、学术会议等场合，就要完整地称呼，如“李华代市长”“李华副校长”“李华助理工程师”等。如果在行业内部有规定的话，就按照规定称呼。

在人际交往时，往往应根据对方与自己的关系，选择合适的称呼。因为人与人之间的关系不同，对同一个人的称呼可能也不同。例如，李华是方圆公司的财务总监，公司老总称呼他为“小李”，部门同事称呼他为“李总监”或者“李部长”，人力资源部部长平时与他关系不错，私下里总称呼他为“李哥”。因此，称呼能体现出人际交往中人与人之间的关系。人际交往中选择称呼一定要分清场合。人力资源部部长虽然与李华关系密切，私下里总称呼他为“李哥”，但是如果在公司正式会议上，或者当着众多同事的面，还是应该称李华为“李总监”或“李部长”。

2. 问候语

问候语，又叫作见面语。它短小简单，一般常用于称呼后，是人们日常生活中最常用的重要交际口语之一。最简单的问候语是“你(您)好！”这也是国际上通行的问候语，既简洁，又带有祝福的含义。见面语可以根据时间、节日、场合、对象以及在场人数有所变化，如“早上好！”“新年好！”“你们好！”“大家好！”“大家晚上好！”“端午安康！”等。例如，走路时与多位领导相遇，就不要和每位领导逐一打招呼了，可以站在一个不挡道的地方，说一声“(各位)领导好”或“(各位)首长好！”然后等各位领导走过去即可。带问候语的打招呼方式，常常用于彼此不太熟悉的交往对象之间，熟人间打招呼几乎不用“你好”或“您好”。

生活中常用的问候语还有很多，例如，询问对方“您吃了吗？”“下班了？”“买菜去？”……在生活中可以根据场合和对象灵活使用问候语。

二、寒暄

寒暄也是人际交往时常用的交流方式。寒暄往往是深入交谈的开始。顾名思义，“寒”是寒冷，“暄”是温暖。寒暄是指人们在见面时向对方嘘寒问暖而所进行的语言交流，往往带有问候与应酬之意。合适的寒暄能够拉近双方的心理距离，带给对方良好的情绪价值，为双方后续的交谈做好铺垫，在某种意义上也是会客的开场白。如果在需要寒暄的时候却保持沉默，反倒是失礼的表现。下面介绍几种常见的寒暄方式和注意事项。

（一）几种常见的寒暄方式

1. 关怀式寒暄

这种寒暄方式常常表达关心、关怀的感情，如“最近身体怎么样？”“最近忙吗？”“这么晚了，还在学习，要注意身体啊！”“如果有什么困难，就跟我说，别不好意思啊。”等。

2. 言他式寒暄

这种寒暄方式常常从身边的事物入手，进而深入交谈，如“这雨下得真大！”“今天的游客真多啊！”“昨天的球赛看了吗？”等。在言他式寒暄中，往往可以加入新的话题。如：

甲：“今天天气真好啊！”

乙：“是啊，终于晴天了！所以我今天心情特别好，特意骑车出来，顺便晒晒太阳。”

这时，甲可以接着说心情、健康或环保等话题。如果乙只说一句“是啊，今天天气真好”，那就不太容易进行深入交流。

3. 感谢式寒暄

这种寒暄方式主要表达感谢之意，以增进双方情感。如“您工作这么忙还特地抽时间接待我们，真是太感谢了！”

4. 赞美式寒暄

这种寒暄方式在日常生活中较为常见，从赞美谈话对象开始，为双方营造一种愉快的谈话氛围，如“你今天的发型真好看，特别符合你的气质。”“多年不见，张老师风采依旧啊”“第一次来您的办公室，发现装修得真不错，高雅大气，很符合您的风格。”

5. 敬慕式寒暄

这种寒暄方式主要表达对谈话对象的尊敬、仰慕之情。如“很高兴见到您，正好我有个预算方面的问题想向您请教。”“久仰大名，今天幸会，真是百闻不如一见啊！”

6. 求同式寒暄

这种寒暄方式通常选择谈话双方的共同点作为切入点，有利于谈话的深入开展，也是比较常用的寒暄方式，如“听您口音是东北人吧？我在东北住过几年，对那很有感情。”“看您桌上有象棋，如果您现在有时间，请您不吝赐教。”“您墙上这幅画是张大千的作品吧？我也喜欢他的画。”

（二）寒暄注意事项

要想说出得体的寒暄语，首先要善于观察对方，注意细节，寻找对方感兴趣的话题，并以此作为深入交谈的引子。此外还要注意用语得当，态度真诚。

1. 认真观察，注意细节

与人交往要善于观察，通过对方的衣着及佩饰、动作等，推断出对方是追求精致的人还是不修边幅的人，从而选择合适的话题。如果谈话的场合是室内，还可以观察室内的物品，比如照片、书、养生茶具、棋类、奖杯、字画等，这些都能作为寒暄的切入点。

2. 尽量选择轻松愉快的话题

一般情况下，寒暄时可以根据对方的年龄、性别、职业、爱好以及双方关系等选择合适的话题，原则上要选择对方关注的或擅长的、轻松的、积极的话题，营造一种轻松愉快的氛围，才便于交谈继续进行下去。要避免敏感话题、容易和对方发生争执的或令对方不愉快的话题，如疾病、下岗、股市下跌等。因为交谈过程也是交换能量的过程，如果负能量过多，影响对方的心情，对方可能会失去继续交谈的兴趣。

3. 态度真诚，用语适度

寒暄要言必由衷，自然流露真情实意，不要说得过于粗俗、浮夸和虚伪，如“跟着王哥走，吃穿啥都有。”“王总大名，如日月当空，今日得见，不枉此生！”这样说显然不太合适。

4. 注意区分场合和对象

如果是正式的场合，面对合作伙伴或领导，寒暄的内容、语气以及肢体语言就要庄重些；如果是非正式场合，而且对方是关系很熟的人，就可以用玩笑的口气说一些比较随意的话题。

三、介绍

在人际交往过程中，人与人之间关系的深入有一个过程，逐渐从陌生到熟悉。在日常交际活动中，陌生人之间往往是通过自我介绍或居间介绍相互认识、增进了解、建立联系的。

（一）自我介绍

自我介绍是向别人介绍自己、展示自己的一种方式。一段精心准备的自我介绍不仅能给别人留下良好的第一印象，也有利于双方今后的交往。自我介绍是让对方认识自己的第一步，同时，自我介绍也是认识自我、评价自我的手段。自我介绍的内容和具体形式应兼顾实际需要、所处场景，并应具有鲜明的针对性，切不可千人一面，一概而论。

1. 自我介绍的内容

自我介绍的内容主要包括姓名、年龄、籍贯、爱好、性格、学历、家庭情况、工作单位、职务等信息，可根据具体场合选择不同的内容。

2. 自我介绍的类型

1) 应酬式自我介绍

应酬式自我介绍适用于某些公共场合和一般性的社交场合，如旅途、酒会等，双方往往是初识，而且通常没有深入交流的意愿。应酬式自我介绍的内容最为简洁，往往只包括姓名一项即可，如“你好，我叫李华。”“您好！我的名字叫张路。”

2) 工作式自我介绍

工作式自我介绍是一种因工作交际和交友用到的自我介绍，也叫作公务式自我介绍，适用于工作场合，如接待顾客或领导、参加行业或部门的会议、新员工入职、推销人员拜访等。工作式自我介绍的内容通常包括三项：本人的全名、供职单位及部门、所任职务或从事的具体工作等。如：

“大家好，我叫李华，是方圆公司的销售部经理，代表本公司来参加这次业内交流会。三人行必有我师，在座的都是精英，还请多多指教。”

“您好！我是中洲大学外语系教学秘书李华。”

3) 交流式自我介绍

交流式自我介绍适用于日常生活中的朋友相聚，它是一种刻意寻求与交际对象进一步交流，希望对方认识自己、了解自己、与自己建立联系的自我介绍，有时也被称为社交式自我介绍或沟通式自我介绍。交流式自我介绍的内容大体应当包括介绍者的姓名、工作单位、籍贯、学历、爱好以及与交往对象的某些熟人的关系等。介绍时不一定要面面俱到，应视具体情况选择合适的内容。在同乡会或者同学聚会等场合，如果朋友带来了陌生人，彼此都有进一步交流的意愿，这时可以说得全面一些。如：

“你好，我叫李华，在方圆公司上班，我也是一中毕业的，平时喜欢打篮球，很高兴认识你，以后有机会多多联系。”

“我的名字叫刘静，在方圆公司做财务总监，我和您先生是高中同学。”

4) 礼仪式自我介绍

礼仪式自我介绍适用于讲座、演出、庆典等正规、隆重的场合。它是一种意在向交际对象表示友好、敬意的自我介绍，这时一般要介绍姓名、单位、职务等，还要加上一些谦辞、敬语。如：

“尊敬的各位来宾，大家好！我叫张华，是方圆公司的副总经理，非常感谢大家光临本公司的周年庆典，我代表本公司向大家表示最热烈的欢迎！感谢大家的支持！”

5) 个性化自我介绍

在某些特殊场合，为了能够引起更多人的注意，给对方留下深刻的印象，有时需要做个性化自我介绍。2019 年 12 月，在国内首档名校国学少年竞技节目《国学小名士》的节目现场，山东日照市实验高中的女生王可儿，用吉他自弹自唱了一段 40 多秒的摇滚风格的自我介绍，引起热烈反响。这种自我介绍的方式令人眼前一亮，想让别人忘记都难。这段自我介绍的内容如下：

“大家好，我叫王可儿。

(唱)我来自黄海之滨，香店河畔，山东日照，实验高中，来到这国学盛会，共享文化之美。我带着沧浪的豪迈，簪着青蒲的秀雅，来到此地吟诗会友。长路漫漫，吾将求索，海纳百川，有容乃大。"

这段自我介绍不仅包括问好、姓名、家乡、此行的目的、求索的决心和包容的态度，还结合了音乐的表现形式，在某种程度上展示了更多的个人信息，给观众留下了深刻印象，效果也优于普通的自我介绍。

3. 自我介绍中的巧报姓名

在人际交往中，让对方记住自己的名字是"认识"的第一步。由于汉字里用于姓名的同音字很多，为了使对方听清并记住自己的姓名，往往要对"姓"和"名"加以解释，解释得越巧妙，对方就越容易记住。为了使对方听清、听懂是哪个字，有时可以把姓名里的字和古今名人、有良好寓意的词语、大众熟知的俗语、谐音字、诗词名句、自己的特长和职业等联系起来。对姓名的解释，能够反映自己的文化水平、性格、志向和口才等。要注意的是，巧报姓名也要看在场的人能否听懂，避免"曲高和寡"，让人听了一头雾水。请看下面几个例子：

"大家好，我叫贾小强，我乐观、坚强，是一个不会被困难打倒的真小强哦。"

"大家好，我叫王博，可不是写《滕王阁序》的那位王勃哦，是博览群书的博。希望我能博览群书，将来也写出美文来。"

"同学们好，我是贾玉妍。先问同学们一个问题：当钾遇到盐溶液会生成什么？"(同学们众说纷纭)"答案是：会生成一个化学老师，就是我呀。不过，我的名字是这三个字。"(在黑板上写"贾玉妍"三个字)。

"大家好，我叫赵江，赵子龙的赵，大江东去的江。我是一个三国迷兼诗词迷，很高兴认识大家。今天正好是端午节，我从孟浩然的'端居耻圣明'受到启发，反其意用之，作诗一首送给大家，祝大家端午安康！

端居何必耻圣明，
午梦醒来柳青青。
安于当下无悲喜，
康泰祥和且徐行。"

绝大多数人在自我介绍时都是先报姓名，然后说其他信息。有时反其道而行之，用一个简短有趣的小故事、几句顺口溜、几个标签式的词语、嵌入姓名的藏头诗等，先给别人带来一定的情绪价值，同时也调动起别人的好奇心，然后再报出姓名，这种自报家门的方式会令人耳目一新，印象深刻。使用这种方式时一定要注意，报出姓名之前切忌啰嗦，否则别人就没有耐心听下去了。请看下面几个例子：

"大家好，我还在妈妈肚子里的时候，我的家乡已经大半年不下雨了，好多庄稼都旱死了。在我出生那天，巧得很，竟然天降大雨，于是我爸爸给我起名甘雨。我长大以后，觉得如果不为农业作贡献，都对不起这个名字，所以高考时选择了农学专业。请大家记住我——冯甘雨。谢谢大家！"

"大家好，40 岁的我，有着 18 岁的心态和冲劲。爱美食、爱健身，有时还有点死磕，我是一个多面体，希望大家喜欢我——刘明。”

“各位前辈，大家好！我是新来的实习医生，我对针灸非常感兴趣，一定要向前辈们好好学习，不断进步，给更多的病人带来健康和希望！我的名字就在这首藏头诗里：

金家有女爱岐黄，
小小银针起落忙。
红妆不让须眉汉，
勇攀高峰当自强。
我叫金小红。”

4. 自我介绍注意事项

(1) 注意把握分寸。自我介绍不仅是对自己基本情况的客观陈述，也包括自我评价。涉及自我评价的内容应当恰如其分，既自信又不狂妄自大，既谦虚又不妄自菲薄。从某种程度上讲，自信比自谦更重要。如果一定要自谦，也要尽量先展示自己的能力之后再自谦。自信可以通过微笑、眼神、手势等态势语言及语调、音量、语气等有声语言表现出来。

(2) 时间宜短不宜长。社交场合的自我介绍用时不宜太长，一般控制在 1 分钟内甚至更短，不必介绍过多的信息。如果是应酬式自我介绍，只需要几秒钟即可，因为双方很大可能没有继续交往的意愿；如果是交流式自我介绍，也不必介绍过多信息，因为双方在今后的交流中会逐渐了解彼此；至于求职面试的自我介绍，一般都有规定的时间，本书有专门的内容对此进行介绍。

(3) 突出自己的闪光点。自我介绍要在有限的时间内，尽量突出自己的优点、特长等闪光点。前面的例子中用藏头诗巧报姓名，就是在自我介绍里展示自己的特长。必要时还可以借助师长、朋友的话来评价自己，这样显得更加客观。

(4) 气氛要和谐。做自我介绍时，应根据场合和对象选择合适的方式，尽可能通过自我介绍给对方留下良好的印象。如果当时气氛比较严肃，在自我介绍时，就尽量不要用搞笑的方式，除非确有把握能调节当时的气氛，否则还是做一个中规中矩的自我介绍更稳妥。

（二）居间介绍

居间介绍是介绍者为彼此不相识的双方进行引见，使得双方建立联系的一种方式。有的时候，双方中的一方已经提前认识了另一方，此时，介绍者可以只介绍一方的情况。

1. 居间介绍的语言技巧

(1) 寻找共同点，语言简明。居间介绍者应尽量找到双方的共同点，如职业、兴趣、特长等进行介绍，有助于促进双方的沟通。介绍时不要拐弯抹角，要直截了当，语言要简洁明了。如：

“李教授，这位是张先生，是华东地区东风装饰公司的经理，对书画很有研究。”

“张先生，这位是李教授，是我市著名书画家。您二位都是书画界的行家，今天可以好好聊聊。”

(2) 用语得当，热情有礼。居间介绍时，要用语得当，热情有礼貌。公众场合介绍他人名字时，要庄重，不能用儿化音或昵称。例如，如果名字里带“玲”“英”“宝”等字时，不可以称作“贾玲儿”“马英儿”“来宝儿”；更不能以开玩笑的口吻以生理特征或缺陷来形容被介绍者，这样有失尊重。做居间介绍时，介绍者应该面向被介绍者，同时伸出手做出介绍手势。具体做法是手掌向上，五指并拢伸向被介绍者。此时如果被介绍者正坐着，应该起立，同时微笑或点头，根据情况决定是否需要与对方握手；如不便起立，则点头微笑示意或者稍起欠身，以示礼貌。

2. 居间介绍注意事项

居间介绍要注意以下几点：

(1) 先征询被介绍者的意见。这一点很重要，如果介绍者不经被介绍者同意，贸然介绍双方认识，很可能会让被介绍者反感。因此，介绍者一定要先征询被介绍者双方的意见。可以这样说：“李小姐，我可以介绍张先生和您认识吗？”随后再问：“张先生，我可以介绍李小姐和您认识吗？”

(2) 居间介绍的顺序应遵循基本惯例。居间介绍应注意介绍的顺序，常用的顺序是：先把男子介绍给女子；先把下级介绍给上级；先把晚辈或年轻人介绍给长辈或年长者；先把家人介绍给客人；先把“自己人”介绍给“外人”；先把后来者介绍给先来者；先把个人介绍给团体等。如果被介绍者是一个团体，要从该团体的最高领导开始依次介绍。

在居间介绍时，不能只片面地强调其中某个顺序，还要具体问题具体分析，区分居间介绍的场合和对象。例如，在职场中，售楼部的工作人员介绍一位男顾客和售楼部女经理认识时，就要先把售楼部女经理介绍给男顾客，因为与女经理相比，男顾客是“客人”而且“顾客为尊”，就不能只考虑“先把男子介绍给女子”的顺序了。如果在日常的社交场合，介绍自己的女性朋友和男性朋友认识，则应先介绍男士，再介绍女士。

(3) 正确使用握手礼。握手礼是居间介绍时常用的态势语言，体现出礼节性。在自我介绍时也可使用握手礼。在较正式的场合，为突出握手的礼节性，一般是两人用右手相握。而在生活中，握手礼也可以是双手相握，能够体现出情感性。例如，文学爱好者张华仰慕某作家已久，在一次读书会上由介绍者介绍相识，张华非常激动，双手紧紧握住这位作家的手说：“久仰您的大名！我读过您的每一部作品，是您忠实的读者啊！”双手相握体现出张华见到偶像时激动、热烈的情感，这种握手方式比单手相握体现出更丰富的情感。

正确使用握手礼

(4) 居间介绍互留信息。居间介绍时，双方为了进一步交流，有时会互留联系方式等信息，这是社交活动中容易被忽略的地方。有些人在日常社交时不善于与他人做深入交往，往往错失很多认识新朋友、扩大自己交际圈的机会。经人介绍结识他人后，只知道对方的姓名还不能算作真正“认识”对方，如果需要深入交往就要有对方的联系方式。因此，在居间介绍时，被介绍的双方应注意索取对方的联系方式，如名片、手机号码、微信等。添加微信时，应及时向对方确认姓名、单位等详细信息并做好备注。例如，刘明在一次朋友聚会中结识了中医院的大夫王丽，为了便于以后咨询更多就医问题，刘明添加了王丽的微信，并且及时把王丽的微信名改为“中医院王丽大夫”。

交接名片注意事项

四、拜访

在日常社交中，还有一种常见的交往方式就是拜访。拜访在现代汉语词典中有“访问”的意思。拜访一般是指主动去拜会访问他人，是对他人的尊敬，因此拜访他人应注意礼节。

1. 做好拜访前的准备

拜访他人稳妥的做法是提前掌握对方信息，把握时机。如果贸然拜访可能会遇到“意外情况”，如受访者不在，或身体抱恙不适合拜访等，从而导致此次拜访未达成目的。拜访他人之前最好与受访者预约，就拜访原因、时间、地点等进行约定，不要做不速之客。如果约定的拜访时间和现在间隔比较久，拜访前应提前一两天联系受访者，以确认本次拜访能否如期进行。如果按照约定不能准时赴约，要及时通知受访者，并解释原因、表达歉意，也可以重新约定拜访时间。按照约定俗成的风俗习惯，拜访者可以根据受访者的喜好、此次拜访的目的、拜访的场所以及双方的关系等情况准备相应的礼物，以示礼节。

2. 拜访的语言技巧和礼节

拜访一般都是登门拜访。敲门前，应检查自己的仪表是否整洁，所带礼物是否完好；根据本次拜访的重要程度，决定是否把手机静音或关机，关闭不重要的闹钟，提前告知有关联系人某个时间段不要打扰自己。敲门时，要力度适中，不疾不徐，敲三下，或短促地按一下门铃，然后等待回应，给受访者走到门口的时间，不要因为急不可耐而连续敲门或长时间按门铃。如果门是开着的，也应先敲门，站在门口说“请问，李华在吗？”“请问屋里有人吗？”“我可以进来吗？”征得对方同意后再进入。敲门前要注意观察细节，如果看见或听见受访者正在喝水、咳嗽、接打电话，要稍等片刻，等受访者安静下来再敲门。

双方见面后，要热情问候对方，根据双方的关系以及是初访还是再访选择合适的寒暄语。如，“早就想来看望您，今天终于见到您了”“我们又见面了”等。如果不得已做了不速之客，一见面就应先致歉：“真不好意思，没有和您打招呼就冒昧来访。”

受访者让座之后，拜访者要说“谢谢”，然后按照符合礼仪的坐姿坐下。如果受访者是尊长，当受访者还没坐下时，拜访者不能先坐下。未经受访者允许，拜访者一般不要乱动室内的物品；如果受访者或其家人给拜访者倒茶，拜访者要表示感谢；如果受访者的家人也参与谈话，拜访者也应积极回应。

在交谈过程中，双方一般要轮流说话。一方在说话时，另一方要认真倾听。尽量避免一方独揽谈话，另一方只能安静地倾听。但是也有例外，例如一方要求另一方给自己详细讲解一件事情，自己则应洗耳恭听。

在交谈过程中，可能会因某事而打断交谈，例如，受访者接到重要电话或突然有急事，拜访者应及时、主动地说：“您先忙，咱们改天再约。”然后告辞。有时拜访还没有结束，此时来了新的拜访者，原则上应“先客让后客”，就是说，先来的拜访者应该起身告辞。如果此时先来的拜访者正好谈完了事情，基本上达到了拜访目的，就可以告辞；如果还没有谈完，可以征求受访者的意见，如果受访者认为，新来的拜访者没有要紧的事，会对新来的拜访者说："不好意思，请你稍等一会，我们很快就谈完了。"反之，受访者会告诉先来的拜访者，以后再约。拜访时谈话时间不宜过长，拜访的事情说完了，拜访者要及时告辞，不要东拉西扯。

结束交谈后，要离开时，拜访者一般要对本次交谈给予积极的评价、向受访者表示感谢并主动握手道别，如"听君一席话，胜读十年书，今天真是不虚此行啊！""非常感谢您的盛情款待，今天好开心啊，您什么时候有空了，欢迎来我家玩。""就送到这吧，请留步。"受访者站住后，拜访者如果转身就走，不再回头，显得不太礼貌。最好是受访者站住后，拜访者转身向离开的方向走几步，再回头向主人挥手再见，然后离开。

有一点需要强调，有些拜访者在告辞时，和受访者站在门口继续交谈，或者双方一边下楼一边大声谈笑，这些做法都不太好，除了会扰邻，还有可能泄露信息。所以，在告辞之前，双方把该说的话在室内说完，告辞时简单说几句告别的话，然后安静地离开就可以了。

接待注意事项

练一练

1. 假如你去参加敬老院义工活动，敬老院的老人们想请你给他们献上一个节目，节目开始前你应该如何做自我介绍？

2. 张华(男)是某大学的学生，他和舍友王强在参加学校的运动会时偶遇高中同学李艳(女)，张华如果想介绍王强和李艳认识，该怎样介绍？

3. 张华和李明是非常要好的朋友，但是他们有很长时间没有联系了。有一天，张华去拜访李明，想向李明借一万元，双方该如何交谈？请两位同学演示。

4. 请介绍一位与自己同性别的朋友给自己的男朋友或女朋友认识。

5. 假如你正在工作，你的舅舅突然来访，此时你正和自己的上司谈话，请问你该如何介绍他们认识？

练一练答题指导

任务二　了解日常社交语言的沟通表达技巧

课程案例

陶行知先生在做校长时，有一天，在校园里看到一名男生正要用砖头砸另一名同学，陶行知先生及时制止并且让这个男生去自己的办公室，随后他就去了解事情发生的经过。当他回到办公室时，发现那名男生正在等他，便掏出第一颗糖递给他："这是奖励你的，因为你很准时，比我先到了。"接着陶先生又掏出第二颗糖："这也是奖励你的，我不让你打人，你立刻就住手，说明你很尊重我。"该男生将信将疑地接过糖。陶先生又掏出第三颗糖："据了解，你打同学是因为他欺负女生，说明你有正义感，也有与坏人作斗争的勇气。"这时那名男生已经泣不成声了："校长，我错了，不管怎么说，我用砖头打人是不对的。我打的不是坏人，是我的同学。"陶先生这时掏出第四颗糖："你已经认错，我已经没有糖了，我们的谈话也结束了。"

想一想

在这个案例中，如果你是陶校长，你会采取什么方式批评这个男生？陶校长对这个男生说指责的话了吗？如果你是这个男生，心里会是怎样的感受？

提示解析

陶校长在制止了这名男生之后，并没有立即批评他，而是先去向其他同学了解情况，再和这名男生沟通。在批评的过程中，首先对这个男生准时、尊重校长、有正义感等优点进行了表扬，在表扬的过程中这名男生已经意识到了自己的错误并且主动承认错误。陶校长的高明之处在于用春风化雨般的语言取代疾言厉色，让这名男生心悦诚服地认识到自己的错误，并做了自我批评。好的教育是一颗心照亮另一颗心，陶行知校长堪称吾辈楷模。

课前练习

张华在宿舍玩手机时声音很大，影响到了别人休息，请你尝试指出他的错误。如果当你指出他的不当之处时，他不但不听反而变本加厉，你该如何应对？请两位同学模拟演示。

人非圣贤孰能无过？生活中我们总是会犯这样或那样的错误，当碰到他人有错误时，我们是当面指出加以批评还是坐视不管？如果要指出他人的错误，那么应该采取何种方式才易于让对方接受？陶行知校长的做法值得我们学习。除了陶校长的做法，我们还可以采用哪些方式既能指出他人的错误，又能达到批评教育对方的目的呢？接下来我们一起来学习如何批评、赞美、拒绝和说服他人。

一、批评

批评，就是针对别人的缺点、错误提出意见。虽说批评可以帮助犯错的人认识、改正错误，不断进步，但是并非人人都能像孔子的弟子子路那样“闻过则喜”，所以，要学习一些批评的原则和技巧才能使“忠言不逆耳”。因为有些时候，逆耳的不是“忠言”本身，而是说出“忠言”的方式和态度。

（一）批评的原则

1. 了解真相

批评之前，一定要先了解事情的真相，不要道听途说，也不要主观臆断，这样才能有理有据地批评对方，对方也不会觉得被冤枉。

2. 基于行为

基于行为去批评对方，就是“对事不对人”的意思。如“这件事你不应该这样做”“你这种做法是不负责任的”。如果说“这么简单的错误也会犯，你真没用”“你这个人怎么这么不靠谱啊”，类似这样的批评就是基于人格的批评，甚至是人身攻击，是不可取的。

3. 讲究方式

批评对方之前，要对其有一定的了解，例如对方的性别、年龄、性格以及与自己的关系等。例如，对方平时就有点自卑，而且非常爱面子，犯错后已经非常自责了，那么在批评他的时候，除了委婉地指出错误，还要适当安慰他，给他一个台阶。

4. 注意场合

批评他人的时候，要尽量一对一，避免第三人在场，这也是为了尊重被批评者。如果要在公众场合批评，应尽量不点名批评，可以用“个别人”“有些人”等代替。

5. 掌握分寸

批评的目的是帮助对方认识并改正错误，不要借批评对方来发泄自己的情绪，痛加指责。要尽量用温和、诚恳的语气进行批评，达到批评的目的即可，不要过于严厉、过于苛求。

6. 给出方案

当被批评者认识到自己的错误之后，如果有必要，还要告诉他相应的解决方案，让他知道怎样做是正确的，以避免今后再犯类似错误。

7. 事过即了

当被批评者诚心接受批评，批评的目的也已经达到时，就要适可而止，不要不依不饶，以后也不要“翻旧账”。

（二）批评的基本步骤

1. 陈述事实

批评者向被批评者指出其所犯的错误，只陈述事实不作主观评价。例如老板说：“小张，根据这个月的考勤记录，你迟到了三次。”这就是陈述事实。如果老板说：“小张，你怎么总是迟到？”小张听了可能会说“我才迟到三次，你怎么就说我总是迟到？”

2. 问明原因

对方犯了错误，首先应问明原因，搞清楚对方为什么犯错。还用刚才的例子，老板说：“小张，这个月你迟到了三次，是不是遇到什么事情了？需要帮助吗？”如果小张确实遇到了困难而不得不迟到，那么帮助小张解决了当前的困难，他就不会再迟到了。这是从根本上改正错误、解决问题的方法，这种做法也体现出批评者对被批评者本身的关心胜过错误本身，批评的意味减弱，关心的意味反而增强，使得被批评者在被批评的同时也能感受到温暖，不易产生抵触情绪。

3. 指出后果

有时为了达到批评教育的目的，要告知被批评者，自己的错误会产生怎样的不良后果，自己将为此付出怎样的代价。例如“小张，你如果这样下去可不太好啊，除了会被扣工资，还影响自己的工作进度，同事们也会对你有看法。”

4. 表达信任

在被批评者接受批评后，要向被批评者表达鼓励和信任。例如，“这件事就过去了，我相信你今后会做得更好。”

（三）批评的技巧

1. 明贬实褒式批评

明贬实褒式批评是指表面上是批评，其实是表扬和关心。例如，“小张，我得批评你啊，像你这样经常熬夜加班，身体会吃不消的。”被批评者心里会感到温暖和愉悦。

2. 幽默式批评

批评时使用幽默的语言，可以消除被批评者的紧张情绪，能够在轻松的气氛中达到教育被批评者的目的。例如，小张和领导一起坐车去开会，下车时小张把手机落在座位上了，领导看见了，顺手拿起手机。小张刚走了几步，突然想起手机，这时领导把手机递给小张，开玩笑说：“我成跟班的了。”小张很惭愧，从那以后，小张出门细心多了。再如，有位老师了解到学生李华上课睡觉的原因是熬夜打游戏，于是当他又一次看见李华上课睡觉时，就说“春眠不觉晓，上课就睡觉，夜来游戏声，吃鸡知多少？”同学们哈哈大笑，李华也觉得不好意思。后来，经过老师耐心劝说，李华认识到自己的错误并逐渐改正，上课也不再睡觉了。

3. 暗示式批评

暗示式批评就是不直接说对方哪里做错了，而是采用暗示的方式委婉地提醒对方。例如，学生上课迟到了，老师问：“现在几点了？”再如，明朝有个县令，在办案时得知师爷总是去其中一方当事人家里喝酒，因为师爷对案件的判决影响比较大，于是县令在和师爷聊天时说：“听说你最近经常喝酒，喝多了伤身，一定要注意啊！”师爷听出县令的暗示，于是再也不敢去那家喝酒了。

4. 自责式批评

有时候，自责也是一种批评别人的方式。例如，有位新上任的局长在召开会议时，有一名员工无故不参加会议，局长说：“这事我负有一定的管理责任，是我沟通不到位，这样吧，通知会计这个月从我工资里扣 100 元。”从那以后，大家都严格遵守制度。

5. 汉堡式批评

所谓汉堡式批评，是先对对方提出肯定，让对方感到愉悦，再指出错误并提出批评，最后对其进行鼓励。例如，老板的女助理很漂亮，但是工作中经常会犯一些小错误。有一次，老板说：“你今天的妆容真精致，看得出你是一个很细心的人，但是为什么这份文件里面出现好几处标点符号的错误呢？希望你以后注意。我相信你以后肯定能把文件处理得像你的妆容一样精致。”从那以后，女助理再也没有出现过类似的错误。

6. 润滑式批评

润滑式批评是指采用先表扬后批评的方式，达到批评教育的目的。例如，方圆公司的老板对部门经理张华说："你最近进步非常大，"张华刚要笑，就听到老板的下半句"从特别差变成了比较差。"

7. 表扬式批评

表扬式批评就是只说表扬的话，不说批评的话，让被批评者自己意识到错误。在前文的"四颗糖的故事"里，陶行知校长就是运用表扬式批评，让那个犯了错误的男生在陶校长的表扬中认识到错误，并且承认了错误。

8. 榜样式批评

这种批评方式常常是批评者以身作则，利用榜样的力量，使被批评者自省。例如，市长张华看见一辆车陷进淤泥里，几个人正在用力推车，一个领导模样的人站在旁边指手画脚。张华问："你怎么不去推车？"对方回答："我是镇长。"张华说："我是市长。"然后去推车。这位镇长顿时感到非常惭愧，立即去推车了。

9. 安慰式批评

这种批评方式是把被批评者的错误与更糟糕的情况做对比，使被批评者听后感到一些安慰，内心不会感受到太大的打击。例如，作家莫泊桑在没有出名之前，有一次向著名作家布耶和福楼拜请教诗歌创作。两位大师一边听莫泊桑朗读诗作，一边喝着香槟。布耶听完后说："你这首诗，句子疙里疙瘩，像块牛蹄筋，不过，我读过更糟糕的诗。你这首诗就像这杯香槟，还能喝得下去。"再如，"虽然这件事你没有做好，但是如果换了别人，也许还不如你呢。"

10. 沉默式批评

沉默有时就是最严厉的批评。这种方式不采用有声语言提出批评，而是用眼神、表情或动作等态势语言表达出批评的意味。这种无声的批评往往极具威慑力。例如，孩子要买玩具，妈妈认为不应该买，孩子就撒泼，此时妈妈可以用坚定的、不容商量的眼神近距离地凝视孩子，孩子很快就不再撒泼。再如，一位将军邀请几位下属共进晚餐，然后一起研究作战方案，几位下属迟到了，当他们赶到将军的房间时，将军已经快吃完饭了。当将军看到他们进来，只是看了他们一眼，什么也没说，几位下属低下了头，将军放下碗直奔墙上的地图，几位下属立刻跟过去和将军一起研究作战方案。

二、赞美

赞美是发自内心地对美好事物表示肯定的一种表达。真诚的、恰到好处的赞美可以使人如沐春风、化解尴尬、增进友谊，可以让人增强信心、干劲十足。美国心理学之父威廉•詹姆斯说过"人性深处最大的欲望，莫过于受到外界的认可与赞扬"。下面是赞美助人成功的例子：

大仲马在年轻的时候穷困潦倒，希望找到一份工作。当父亲的朋友问他有什么长处时，他连连摇头，非常窘迫。对方只好让他留下地址，以便日后联系。当他写下地址转身离开时，对方拉住他，说："年轻人，你的字就是你的长处，你不该只满足于一份普通的工作。"大仲马立刻有了信心，数年后，他成为法国著名的作家。

也有用赞美缓解尴尬的例子：

李华临时有事去刘明家里，进门一看，家里比较简陋，刘明有点尴尬地说："欢迎光临寒舍，真的是寒舍呀。"李华知道刘明是知识分子，于是笑着指着书架上的书说："斯是陋室，惟君德馨，你是腹有诗书气自华啊。"刘明立刻轻松了许多，两人相视而笑。

因此，赞美调剂着我们的生活，让我们感受到温暖，传递出更多正能量。

（一）赞美的原则

1. 基于事实，适度赞美

赞美必须实事求是，恰到好处，只有实事求是、由衷的赞美才是真诚的赞美。例如，张华看到小丽穿了一双半新不旧的红色高跟鞋，就对小丽说："你这鞋真漂亮，看上去雍容华贵。"小丽却说："我这鞋两年前就买了，还是打 3 折买的，你这赞美也太假了。"如果张华这样说："你今天穿了一双红色的鞋啊！虽然不是新鞋子，但是款式很好看，而且跟你的衣服很搭配，看起来特别有气质。"小丽说："是吗？我这鞋两年前就买了，还是打 3 折买的。"张华说："你的审美眼光独特！这鞋子都穿两年了，现在看款式依然不过时，还物美价廉。"显然，后一种赞美更容易让人接受。

2. 找准亮点，具体赞美

从赞美的效果上看，找准被赞美者身上的具体亮点要比笼统的赞美好得多。例如，英国女王伊丽莎白对著名喜剧演员卓别林说："我看过你的好几部电影，你是一位难得的好演员。"事后，有人问卓别林的感想，卓别林略带遗憾地说："女王虽然夸我演得好，可是并没说出哪部电影的哪个地方演得好。"遇到很久未见的朋友，如果能很快发现朋友的变化并且进行适度赞美，相信朋友会非常开心。如"好久没见了，你的皮肤越来越白皙，气色比以前好多了。"赞美越具体，说明你对对方越了解，也更容易让对方接受你的赞美。再如，朋友兴奋地给你看他旅游时拍的照片，你如果只说"好""不错"，朋友可能以为你在敷衍。如果你认真端详片刻，找到赞美的亮点，然后说"这张照片有层次感""这张拍摄角度特别好"，会让对方觉得你确实在用心欣赏并且认真评论，这样的赞美更真诚，朋友也能感到被重视。

3. 投其所好，准确赞美

赞美的话基本上都是积极的话，但是如果被赞美者不喜欢听，就达不到赞美的效果，甚至让被赞美者感到不快。例如，李华长得像一位明星，即使该明星名声挺好，但是李华并不想蹭这位明星的热度，内心比较介意这一点。所以，在赞美前要想一想对方是否喜欢听这样的赞美。

4. 抓住时机，及时赞美

见到、听到别人得意的事，如果有可能，一定要暂时停下手头的事情第一时间去赞美他。例如，听说朋友升职了，要尽早打电话或当面祝贺、赞美对方。如果朋友的兴奋劲已经过去了，你再去赞美，效果显然不如及时赞美。

5. 热情自信，主动赞美

也许有人会认为，主动赞美别人，会不会显得自己低三下四呢？答案是否定的，恰恰相反，经常主动赞美别人，说明你有宽广的胸怀和积极的人生态度。如果经常主动赞美别人，甚至有可能改变自己的性格，进而改变自己的命运。主动赞美传递的信息是“我眼里有你（被赞美者）”，试想，哪个人不希望自己被关注呢？久而久之，你的人际关系会越来越好。

（二）赞美的技巧

1. 借花献佛式赞美

借花献佛式赞美是指转述他人对被赞美者的赞美，虽然是借别人之口赞美对方，但是却能使被赞美者感受到双倍的喜悦。因为当面直接的赞美有可能是客套和恭维，但是转述而来的赞美是背后的赞美，其更加真诚可信。例如，我对李华说：“李华，我听刘明说你乒乓球打得特别好！”无论刘明是否当面赞美过李华，李华听到后都会高兴，并且还会感谢刘明向我宣扬他的长处。

2. 出人意料式赞美

如果找到对方很少被人注意到的优点进行赞美，往往能让对方有意外的惊喜。一位众所周知的大美女兼知名企业家，对“美貌”“事业成功”这种赞美已经没有什么感觉了。可以这样夸“你不仅人漂亮，哲学方面也这么精通，真是内外兼修啊”“你不光事业有成，厨艺还这么棒”。再如，张华去医院看病，在缴费处排队等候时，发现人很多，那位负责收费的职员机械地忙碌着，因为工作量大，对工作过于投入而板着脸，于是张华就想通过赞美使她快乐起来。张华开始观察这位职员。轮到张华时，他注视着那位职员，很诚恳地对她说：“我刚才注意到，你手链的图案非常有创意，我从来没见过。”那位职员惊讶地抬头看着张华，嘴角不自觉地上扬，还向张华展示了一下自己的手链，说话的语气也比刚才温和了许多。

3. 信任刺激式赞美

信任刺激式赞美是指通过赞美对方过去的成绩，表示自己对其依旧非常信任，这种技巧可以极大地激发被赞美者的信心和斗志。例如，“张华，你一直非常优秀，我交给你的事从来没有出过错，现在这件事只有你能完成。”

4. 欲扬先抑式赞美

使用欲扬先抑式赞美时，先说否定的意思，再说肯定的意思。很多人只是直白地赞美别人，如果试试欲扬先抑的方法，效果也许会更好，被赞美者可能会非常开心。例如，当我们对一位女性说：“你这个人，让我说你什么好呢？你长得好看也就算了，还这么有头脑！”再如，“咱们部门里我很少佩服过谁，除了两个人，一个是张经理，另一个就是您了。”“我从来没有服过谁，就服你！”

5. 自我贬低式赞美

通常情况下，一般人很难做到在别人面前贬低自己，如果你贬低自己同对方做比较，可能会收到很好的赞美效果，令对方备受鼓舞，但是不宜过度贬低自己。例如，“小张，你这个想法真是绝妙，我自愧不如啊！”要注意的是，一定不要贬低其他人，如果这样说：“小张，你的想法太好了，比小李头脑灵活多了。”这就等于背地里说小李的坏话，犯了社交的大忌。

6. 类比达意式赞美

类比达意式赞美是指用比喻的方法表达自己对别人的赞美。例如2021年6月，河南大学某教授作为教师代表，在毕业典礼的演讲中提到“八千多条中华鲟，游向黄河、游向长江，奔向大海。”这里把毕业生比作国家一级保护野生动物中华鲟。

7. 追加问题式赞美

追加问题式赞美是指在赞美对方之后，追加一句类似请教的话，这样不仅可以使对方开心，还会使对方向赞美者传授自己成功的经验，由此使对方产生一种成就感、价值感。例如，“你的鞋真好看，在哪买的？把链接发给我呗。”“你的普通话这么好，怎么练的？”“你的滑板玩得真好，像我这种零基础的人，能学会吗？”

8. 借势反夸式赞美

借势反夸式赞美是指借着对方赞美自己的话，反过来赞美对方。例如，在一档综艺节目上，主持人甲问嘉宾乙：“你现在很火，是吧？”乙迅速回答：“那肯定是火，你想想，都能坐在这儿跟您聊天，那还不火吗？”这句话既肯定了自己的成就，又夸赞了甲和甲的节目。再如，领导夸你某件事办得漂亮，你可以借势反夸领导：“那当然了，强将手下无弱兵嘛。”“还得说您带得好。”“是您这个榜样好呀。”

9. 顾及他人式赞美

顾及他人式赞美适用于有多人在场的情况，在赞美某个特定的人时，一定要考虑到其他人的感受。例如《红楼梦》里林黛玉进贾府，王熙凤赞美林黛玉：“天下真有这样标致的人物，我今儿才算见了！况且这通身的气派，竟不像老祖宗的外孙女儿，竟是个嫡亲的孙女，怨不得老祖宗天天口头心头一时不忘。”王熙凤首先高度称赞林黛玉这个外孙女非常标致，自己从来没有见过如此人物，作为林黛玉的外祖母，贾母听了当然很高兴。但是在座的还有贾母的孙女迎春、探春和惜春，如果把林黛玉的美捧上了天，迎春、探春和惜春就会感到不舒服。于是情商极高的王熙凤又紧接着说了一句：“况且这通身的气派，竟不像老祖宗的外孙女儿，竟是个嫡亲的孙女。”说的是林黛玉的举手投足，通身气派很高贵，像贾母的嫡亲孙女。王熙凤既直接夸奖了林黛玉的气质，也间接夸奖了“三春”及老祖宗贾母的教导有方，同时还向林黛玉转达了贾母对她的惦记。王熙凤的这番话一下赞美了五个人：黛玉、迎春、探春、惜春和贾母。

总之，赞美是人际交往中常用的一种交流方式，掌握赞美的技巧能起到非常好的社交效果。在具体使用时还要分清场合和对象，采用“生人看特征，熟人看变化”的方式，快速找到合适的赞美点。赞美时可以直接夸赞对方的身材、眼睛、皮肤等外在的优点，也可以由物及人，例如，由对方所处的生活环境、与衣食住行相关的外在事物等，转移到夸赞对方的精神品质、思想意识、审美、眼界、格局、爱好等方面。

俄国作家托尔斯泰曾说："称赞不但对人的感情，而且对人的理智起着巨大的作用。"赞美是一种力量，赞美别人或者被别人赞美都会让我们的内心感到愉悦，这种力量可以让我们更加热爱生活，使我们的人际关系更加融洽。

三、拒绝

在生活中很多人会遇到明明不想做却不好意思拒绝别人的事情，原因是害怕与对方伤了和气，也怕丢了自己的面子，结果使自己违背意愿做了不想做的事，或无法履行承诺而导致别人产生不满甚至怨恨。拒绝别人是在所难免的，为了减少因拒绝而带来的不愉快，学习一些拒绝的原则和技巧还是非常必要的。

（一）拒绝的原则

1. 立场坚定，态度鲜明

如果对方请求的事情违背了自己的原则，或者明知自己没有能力做到，那么最好的办法就是果断拒绝，态度不能模棱两可，要让被拒绝的一方清楚地知道自己的态度。特别是对于某些情商不高的人，要直截了当地拒绝，以免给对方造成还有希望的错觉。

例如，男孩小明向女孩小丽表白，但是小丽并不想接受，于是对小明说："你很优秀，只是我觉得自己配不上你。"小明认为小丽对自己还是肯定的，自己还是有希望的，但小丽这样说只是不好意思。后来小丽爱上别人，小明认为小丽背叛了自己，于是四处说小丽移情别恋，致使小丽名誉受损，苦不堪言。

2. 态度诚恳，讲明原因

拒绝他人请求的同时，要和颜悦色、态度诚恳地说明原因，要让别人觉得你确有苦衷，确实爱莫能助。例如，两个同乡找到在城里工作的李华，诉说打工的艰难，表示想借宿。李华和颜悦色地说："二位跑这么远找到我，说明你们心里有我这个老乡，看得起我。但是城里不比咱们乡下老家，你们看，我家就这么两间卧室，住了三代人，已经没有地方再支床了。而且现在孩子快高考了，需要安静的环境。按说咱们是同乡，应该留你们在我家住上几天，可是现实条件确实不允许啊。"两位同乡听了以后就打消了借宿的想法。

3. 注意场合，尽早拒绝

拒绝对方时尽量不要当着很多人的面，最好找个双方单独相处的机会，这样对方比较容易接受，也能感受到被尊重。如果对方提出的事情比较紧急或者重要，而你需要考虑一下才能决定是答应还是拒绝，这时为了不耽误对方向别人求助，一定要问清楚时限，然后在说好的时限内答复对方。

4. 酌情帮助，留有余地

拒绝的同时如果能够主动提出给予其他帮助，就会让被拒绝者在被拒时还能感受到善意和友好，不至于心生不满，例如，可以给对方介绍其他可能帮上忙的人，帮对方出谋划策以示关心。在刚才借宿的例子中，李华在拒绝对方之后，如果能给对方介绍一家比较便宜的旅馆，也算帮了不小的忙。如果不能给对方介绍旅馆，至少应该说一句“为了表示歉意，我今天晚上请二位吃饭。”这种做法传递给对方这样的信息：李华拒绝的只是借宿这件事，而双方的情谊还在，以后仍然是朋友，被拒绝者不至于产生太大的失落感。

（二）拒绝的语言表达技巧

1. 幽默式拒绝

幽默式拒绝是指利用幽默诙谐的语言表达方式表示拒绝。例如：

李华：“和我一起去打篮球吧，一定要去啊。”

刘明：“我倒想玩玩，可是我已经答应妻子今天下午和她逛街。”

李华：“来吧，别管你的妻子，你是个男子汉还是只耗子？”

刘明：“我确实是个男子汉，可我妻子怕耗子，不怕男子汉。”

2. 沉默式拒绝

沉默式拒绝是指运用摆手、摇头、耸肩、皱眉、转身等肢体语言表示拒绝。例如，张华向刘明借一万元，刘明没有说话，而是皱着眉头，脸上流露出为难的表情以示拒绝。

3. 转移式拒绝

转移式拒绝是指利用转移话题的方法表示拒绝。例如，“今天咱们先不谈这个，还是说说另一件事吧。”

4. 借力式拒绝

借力式拒绝是指借助第三方表示拒绝。例如，“你问问李华，他可以作证，我确实干不了这种事。”再如，李华邀请刘明本周六参加一个活动，刘明不感兴趣，不想参加，对李华说：“真不巧啊，我已经和朋友约好去爬山了，所以很抱歉，周六的活动我就不参加了。”

5. 自责式拒绝

自责式拒绝是一种适度贬低自己，向对方表达自己没有能力满足对方要求，从而拒绝对方请求的拒绝方式。例如，“我这个人可是个超级拖延狂，我对你最负责任的做法，就是不接这个项目，请你谅解。”“我也想帮你做这件事，可我能力确实不行，一点把握都没有，就不给你添乱了。”

6. 诱导否定式拒绝

诱导否定式拒绝是指借助合理的解释或列举一些条件，诱导对方否定自己的想法，进而放弃自己请求的一种拒绝方式。例如：

记者：“请问你们有多少艘航母？”

官员：“我倒是知道这个数字，但是我不知道是否属于保密范围。”

记者：“不是保密的，您说吧。”

官员：“既然不是保密的，那我想不需要我说，你也应该知道了。”

官员利用记者想知道答案的急切心理，诱导记者说出“这不是保密的”，给了自己拒绝说出答案的理由，成功地拒绝了记者的提问。

四、说服

说服之道，攻心为上。说服的核心就是说服者向对方传递某些信息，使其动心，从而听从说服者的主张。说服的本质是使被说服者放弃自己的想法，接受说服者的提议。从心理学的角度看，谁也不愿意承认自己的想法是错误的，因而说服一般都有难度。成功地说服对方，需要一定的技巧。

1. 表明立场，正反举例

说服时为了能够改变对方的想法，说服者往往会站在被说服者的立场上，晓之以理，动之以情，从正反两个方面将利害关系讲清楚，同时让对方认识到，如果听从说服者的提议，对自己是有好处的，或者可以将损失、影响降到最小，从而愿意听从说服者的提议。说服者如果能利用权威人物的言行为被说服者提供正面的例子，相信被说服者很难反驳。心理学研究表明，某一领域的权威人物总比普通人更能引起人们态度的改变。同时，说服者也可以用反面的例子让被说服者知道，如果一意孤行，将会有怎样的不利后果，从而使被说服者权衡之后认同说服者的观点。在《触龙说赵太后》里，触龙拿现实的反面例子来警醒赵太后，如果赵太后像那些君王一样，让自己的子孙“位尊而无功，奉厚而无劳”，那么将来子孙靠什么站住脚？这样的说服效果很明显，赵太后接受了触龙的建议。

2. 调节气氛，增进感情

被说服者往往在刚开始谈话时，对说服者有一定的对抗情绪和戒备心理，所以，说服者要先“破冰”，也就是拉近双方的感情，调节说服的气氛，尽量让被说服者处于放松的状态，这样被说服者才会易于接受说服者的提议。拉近感情的方法有嘘寒问暖、找共同点等。例如，在《触龙说赵太后》里，面对盛怒的赵太后，触龙没有像其他大臣一样“死谏”，而是只字不提做人质的事，反而从老年人都关心的饮食起居谈起，赵太后于是“色少解”(释义：太后的怒色稍微消解了些)，和触龙交谈了起来。紧张的气氛得到了缓和，谈话有了良好的开端。然后，触龙又利用“爱孩子”这个共同点，运用激将法使赵太后笑了，触龙既让赵太后进一步放松了戒备心理，又成功地把话题引到了长安君身上，最终成功说服赵太后将儿子长安君送到齐国做人质。

《触龙说赵太后》案例讲解

3. 将心比心，找准要点

说服时往往要站在被说服者的角度思考问题，说服者要把自己当成被说服者，去思考被说服者比较在意什么，找到能触动被说服者的关键点，进而让被说服者接受自己的提议。例如：

19 世纪，维也纳上流社会的妇女流行戴一种宽檐帽子，上面装饰着五颜六色的羽毛。她们戴着这种帽子进入剧场后，后面的观众就被帽子挡住了视线。剧场经理多次劝说她们摘下帽子，但是没什么效果。后来，经理灵机一动，说：“年龄大一点的女士有特殊照顾，可以不摘帽子。”话音刚落，女士们纷纷把帽子摘下来了。

在这个例子中，剧场经理在多次劝说女士摘帽无效后，站在女士的角度，揣摩她们的心理。一般情况下，女人都希望别人夸赞自己年轻漂亮，没有哪个女人喜欢承认自己年老。因此，真正站在对方的角度，找准说服的要点，往往一句话就能达到说服的目的。

4. 正面引导，强化赞美

前文讲过，赞美的力量不可低估，我们有时在说服中也可以用到赞美。说服者通过正面引导，赞美被说服者的某种行为或某个性格特点、爱好等，从而使得被说服者受到鼓励，进而愿意按照说服者的提议去做。

例如，小明平时非常好动，白天很少能安静地坐20分钟。有一次，妈妈看见小明在专注地看一本故事书，半小时过去了，小明合上书站起身。这时，妈妈高兴地说：“妈妈很喜欢你刚才认真读书的样子。”小明也很开心。逐渐地，小明可以安静地坐40分钟了。

再如，“听别人说您是个非常固执的人，总是听不进别人的话，可是通过今天与您交谈，发现您是个非常通情达理的人，看来是别人误解您了。”这句话用来赞美比较固执的人，能够先让他减少抵触心理，心情愉悦，然后就容易听进去别人的劝说了。

5. 情景预演，模拟结果

这种说服技巧是顺着被说服者的思路，预设事件结果，使被说服者认识到自己观点的错误，进而愿意听从说服者的提议。具体方法是：说服者同意被说服者之前的说法或做法(至少不表示反对)，按照被说服者的意愿为之预先描述一下可能发生的后果，当被说服者听到这种后果之后，意识到这并非自己想要的，最终会改变自己最初的想法。《晏子春秋》里有这样一个故事：

春秋时期，齐景公得到了一只非常漂亮的鸟，让烛邹负责照顾它。结果鸟丢了，齐景公大怒，要杀烛邹。晏子得知此事，就对齐景公说：“烛邹确实该杀，请大王让我说完他的几条罪状，您再杀他不迟。第一，烛邹为国君养鸟却让鸟跑了。第二，使国君为一只鸟就要杀人。第三，让其他诸侯听到了这件事，认为我们国君重鸟轻人。”晏子说完烛邹的罪状之后，请齐景公杀掉烛邹。齐景公说：“不要杀了，我已经接受你的教育了。”

在这个例子中，晏子通过有倾向性的语言暗示齐景公，如果因鸟杀人，名声就会受损，得不偿失，而这种情况并未真实发生，他只是对事情的后果进行了预演，最终使得齐景公接受了劝说。

再如，张华受到高薪利诱想要抛下不满一岁的孩子和丈夫，独自出国打工。年迈的父母不赞成她的做法，于是说：“出国打工是能赚钱，但是你一走可能就是好几年，孩子这么小就离开母亲，而且几年都不能见面，这和没有母亲没啥区别。而且你的丈夫一个人带着孩子，会非常辛苦。赚钱是为了生活过得更幸福，可是你为了赚钱让孩子失去母爱，丈夫失去家庭的温暖，父子二人得多可怜。”张华最终放弃了自己出国的想法。

说服是一种需要语言技巧的交流方式，对说服者的能力要求较高。如果方法得当，就可以轻松达到说服的目的；如果方法不得当，那么可能会得到相反的效果。因此我们要根据具体情况，灵活运用以上说服技巧。

练一练

发问和回答

1. 李华约刘明参加同学聚会，刘明不想去，刘明应该怎样拒绝？

2. 你和朋友一起去饭店吃饭，服务员拿来菜单，朋友问你喜欢吃什么，请比较下面两种回答的区别。

(1) 随便。

(2) 这次我想听你的。

3. 你的好朋友李华向你倾诉：“我总是被人嘲笑胆小，我感到很自卑。”你应该如何安慰他？

4. 朋友夸你的衣服好看，请比较以下几种回答。

(1) 没有没有。

(2) 谢谢。

(3) 说明你很有眼光，英雄所见略同啊。

5. 在完成某项工作后，领导对你说：“这件事干得不错，你辛苦了。”具体场景有：领导边走边说，你在原地，领导对你说完就离开了；领导在你身边稍作停留；领导在微信上和你交流。在下列回答中，请针对每个场景选择一种较佳的回答。

(1) 不辛苦。

(2) 这是我应该做的。

(3) 给涨点工资吧？

(4) 领导什么时候请我们吃顿饭，犒劳一下？

(5) 向领导学习。

(6) 感谢领导的关心，这是大家共同努力的结果。我们团队在张主管的带领下，已经连续 5 天加班到凌晨两三点了，有您的理解，我们这么多天的辛苦也值了，我会把您的关心传达给团队的每一位成员。

(7) 感谢领导的关心，有您这句话，再辛苦也值了，我就是担心工作没做好让您不满意。

(8) 感谢领导的关心，我从中也学到了很多，我会继续努力的。

6. 你是一名销售员，顾客买了你的产品后对你的服务表示感谢，请你比较以下几种回应。

(1) 这是我应该做的。

(2) 不客气。

(3) 恭喜您做了明智的决定。

(4) 能帮到您，我真的很开心。

(5) 能为您这么有品位的顾客服务，我感到十分荣幸，希望下次我还能为您服务。

7. 你和朋友约好 8 点在某地见面，朋友准时到了，你迟到了，你见到朋友后会怎么说？

(1) 抱歉，我来晚了。

(2) 抱歉，我来晚了，谢谢你还在等我。

8. 一位邻居在公共区域停放自行车，影响大家出行，你希望邻居移走自行车，请问你应该如何和这位邻居沟通？

练一练答题指导

项目四 演讲口才

知识目标

(1) 了解演讲的定义、类型，以及基本评判标准。
(2) 熟悉演讲稿的基本写作要求。
(3) 认识即兴演讲。
(4) 了解演讲中态势语言的使用原则。
(5) 掌握在不同场合中演讲的控场方法和技巧。

技能目标

(1) 能够做好演讲前的各项准备。
(2) 能够独立撰写一份合适的演讲稿。
(3) 灵活运用命题演讲和即兴演讲的语言表达技巧，并能顺利完成即兴演讲。
(4) 演讲时可以熟练运用态势语言。
(5) 能够应对演讲中的紧急情况，并拥有运用有声语言和态势语言表达技巧在紧急情况下保持自信和冷静的演讲心态。

情感目标

(1) 培养良好的演讲能力，提高自身竞争力。
(2) 培养关注社会现实、关心社会热点的意识，树立爱国主义情怀。
(3) 树立正确的世界观、人生观、价值观，弘扬向善、向美的文化精神品质。
(4) 提升演讲者的精神风貌，展现大方、自信的个人气质。
(5) 树立克服困难的信心，与听众形成正面的情感链接，才能获得听众的认可和赞赏，从而提升个人自信心。

任务一 认识演讲

课程案例

萧伯纳是英国现代杰出的现实主义戏剧作家，他以幽默的演讲才能著称于世。然而在他20岁初到伦敦时，却胆子很小，甚至有人请他去做客，他也会在人家门前忐忑不安地徘徊多时，不敢直接去按门铃。有一次，一位朋友邀请他参加学者辩论会，在会上他以非常紧张的心情做了有生以来的第一次演讲。可由于太过紧张，他的演讲效果糟糕透了，当他讲完时受到了别人的讥笑，此次演讲让萧伯纳受到了沉重的打击，他觉得自己充当了一个十足的傻子，蒙受了巨大的耻辱。从那以后，他开始练习演讲，坚持每星期都当众演讲，人们在市场、学校、公园、码头、挤满成千上万听众的大厅或只有寥寥几人的地下室，都经常能看到他慷慨陈词的身影。功夫不负有心人，萧伯纳终于成为了一名杰出的世界级演讲大师。

想一想

高超的演讲能力是与生俱来的吗？如何才能拥有好口才？

提示解析

良好的口才并不是与生俱来的，不管是普通人还是名人，没有人一出生就是一名卓越的演讲家。因此，在这个过程中，需要通过持之以恒地学习和练习来锻炼口才，需要通过当众演讲来提高心理素质，只有勤学苦练，加上日复一日的坚持，才会练就高超的演讲技能。

课前练习

小组讨论“什么是演讲”，并说出演讲最显著的一个特点，说明理由。注意：小组成员之间不要重复。

演讲是人类社会一项非常重要的活动。在现代社会，随着人们交往范围的扩大、娱乐生活的丰富，当众演讲在人们的生活和工作中占据着越来越重要的地位。正确地认识演讲、理解演讲，并能区分它与其他形式口语的本质区别，对于驾驭演讲和更好地利用演讲开展各项工作至关重要。

一、演讲的定义及特点

演讲，简单地说就是当众讲话，也叫作讲演或演说，是当众发表个人见解的讲话，即在特定的时间和环境中，面对广大听众抒发情感，阐述要旨，宣传和发表自己的主张和意见，以感召听众产生共鸣的一种社会演说活动。

演讲主要由演讲者、信息(演讲的内容)、听众、环境和反馈(共鸣)五个要素组成。为了更好地认识演讲，需要先了解演讲的特点。

1.“演”“讲”结合，以“讲”为主

在演讲中，要以“讲”为主。“讲”就是陈述，是演讲活动中最主要的一种表达手段，是演讲者把自己的思想和主张用语言的形式传递给听众，并希望听众能有所反应的一种讲话形式。这种有声语言对演讲者的要求是：吐字清楚、准确，声音洪亮、圆润，语气、语调富有变化，以听众听得懂、听明白、有所感触为终极目标。

但也要注意，演讲中的“讲”和其他形式的“讲”是不一样的。如朗诵中的“讲”是将作品的思想内容传达出来，侧重于展现个人抒情表意的能力，而演讲中的“讲”则是要走进听众之中，通过传递演讲者的情感与思想来影响和改变听众。演讲也不同于讲课，讲课讲究启发性、科学性，层层递进，而演讲更注重技巧性、生动性；讲课更多的是讲一种确定性的知识，而演讲更多的是发表自己的见解。

“演”就是使用姿态动作、手势、表情等体态语言，辅助有声语言来传达思想和感情，并通过听众的视觉器官产生共鸣效应，它属于形体动作范畴。因此，演讲者要准确鲜明、自然协调地运用体态语言，体态语言的表达最好有一定的表现力和说服力，让听众感受“演”的形式美。一场好的演讲是声情并茂的，演讲者自信地在台上侃侃而谈，响亮的声音、热忱的目光、笔挺的身姿、激昂的手势，伴随着优美的音乐，能让听众陶醉在一场视听盛宴中。可以说，一场完美的演讲总能在声音的抑扬顿挫、态势语言的多种姿态和变化中扣动听众的心弦。

2. 现实性

演讲是为了满足现实的种种需要，其根本目的在于影响人们的思想和行为。如学校要组织一场募捐，但是在募捐前需要鼓动大家积极捐款，为此，有必要组织一次动员大会进行演讲来向大家说明情况；又如参加班干部竞选，为了让自己获得更高的选票，就要在全班或者全系进行演讲来推介自己。因此，演讲属于现实活动范畴，不属于艺术活动范畴。

有人不禁要问：那日常交谈也具有很强的现实性，它是不是和演讲一样呢？二者固然有相同点，但演讲与日常交谈还是有很大的不同的。演讲带有很明显的社会色彩，演讲者为了满足舞台上听众的需要，经常有意识地将主题、观点、言论、论证相融合，必要时甚至会营造类似表演的氛围，通过表情、手势、动作等体态语言来增强语言的感染力；日常交谈则目的性不强，话题可以随意兴起或随意终止，有很强的自由性，同时对语言不会进行较多的修饰，语气比较平和随意，也不需要考虑气氛、情境设计等因素。在表现形式上，日常交谈是“你一言我一语”的交流式聊天，演讲则以演讲者的“讲”为主，听众交流的成分很少，甚至没有。

演讲的现实性还表现在演讲者和演讲的内容来源于现实。演讲者讲述的是现实生活中的“人”，评的是现实生活中的“理”，表达的是基于现实生活的真情实感。演讲的内容不是虚无缥缈的，也不是道听途说的，而是客观真实存在的。由于演讲者讲述的事实材料、

客观现象都是真实存在的，来源于现实社会，如亲人的故事或者某些时事，因此演讲者在讲述的时候难免会受到情感的影响，这就要求演讲者表达情感有“度”，合理运用与控制情感，否则容易情绪失控，影响演讲的正常进行。例如，在一次演讲中，当作家庄羽讲述到小时候和姥爷在一起的点点滴滴时，她对姥爷的依赖和怀念之情在娓娓道来中自然流露，台下的很多听众已经泪流满面，庄羽也眼含热泪，但她依旧用平稳的语气进行着她的演讲，可以说她对情感的把控是很到位的。

3. 辩论性

演讲和辩论赛有很多共通之处，两者的目的都是通过表达自己的见解和观点，使听众认同演讲者所讲的道理。因此演讲首先要鲜明地亮出观点，并对主题进行充分、准确的论证，从而引起听众的共鸣。

例如，在进行“全职妈妈也是一种职业，不应该区别对待”为主题的演讲时，就要围绕“全职妈妈在职场上不应该被区别对待”这一观点来进行论证，或搜集材料，或列举事实，或客观陈述，为了这一观点而辩论，从而使听众能接受并认同这一观点。再如“知足常乐”“幸福是自己的”“成年人更应该看重利弊”等演讲题目都带有很强的辩论性。

4. 工具性

现代社会，越来越多的人利用演讲交流日常工作、沟通思想、进行宣传教育等，演讲已经成为一种相对较经济、较方便、较实用的沟通工具。可以说，任何观点、任何学识、任何发明和创造甚至相关政策，都可以借助演讲这个工具加以传播，从而使人们了解、认同和执行。例如，马克思《资本论》中的某些思想和观点是他先在工人中演讲过的；物理学家杨振宁、李政道的学术思想也是借助演讲进行了广泛的传播。

二、演讲的类型

从传播学的角度来看，演讲在现代生活中是比较常见的一种语言交流形式，其信息传播采用公开演说的方式。例如，在某次会议上领导对与会者所做的工作动员讲话，或者媒体制作的演说类节目，又或者社区医疗服务站开设的公益科普宣讲等，从广义上来说都可以看作是演讲。因此，演讲的内容多样、形式灵活，在多种场合都可以采用这种语言交流形式。根据演讲的目的、表现形式和社会功能的不同，演讲可以分成不同的类型。

（一）按演讲的目的分类

按照演讲的目的分类，演讲可以分为告知型演讲、说服型演讲、共鸣型演讲、助兴式演讲。

1. 告知型演讲

告知型演讲的目的是“使人知”，即通过演说的方式将所要传播的信息、观点等大众化，让更多的人知道并接受自己的观点。这一类型的演讲主要是为了阐明事理，其特点是知识性较强，传达的信息较为丰富，语言准确。常见的科普宣传一般属于这种类型的演讲。

例如，医学专家针对如何科学防治呼吸系统传染病公开发表自己的研究成果，并以演说的方式向大众进行科普宣传，这就是典型的告知型演讲。再如，垃圾分类是一种新型的、环保的生活方式，但是这种生活方式的重要性还没有被广大群众充分认知，公众对如何进行垃圾分类还存在很多疑问和认识上的误区，因此可以用演讲的方式告知公众如何进行垃圾分类，普及垃圾分类的知识，从而消除大家在认识上存在的误区。

2. 说服型演讲

说服型演讲的目的是“使人信”，演讲者想要通过演讲内容改变听众的思想、态度、价值观或行为。说服型演讲是从告知型演讲发展而来的，其特点是观点独到，论据翔实，论证严密。

对一种新的生活方式的倡导，最好的宣传手段就是通过演讲这种形式广而告之，使更多的人接受这种生活方式，并在生活中实践。例如，“奇迹女孩”张苗苗在《保险业超级演说家》里用自己的亲身经历说服听众重新认识保险这种保障手段。通过她的讲述，听众了解到，她的父亲遭遇车祸身亡，她的母亲罹患乳腺癌，她自己则在分娩时遇到羊水栓塞、命悬一线，接二连三的沉重打击使得这位年轻的姑娘几乎丧失了生活的勇气。庆幸的是，她父亲因工伤意外保险获得了 40 万元的赔偿金，而正是因为有了这笔赔偿金，母亲高额的医药费才得以支付；张苗苗为自己投保了寿险，在命悬一线时，她想如果自己不在了，寿险的保险金可以帮助自己照顾刚刚出世的孩子。正是因为有了保险，这个不幸的女孩和她的家庭才一次次渡过了难关。张苗苗用自己的亲身经历很好地诠释了参加保险的意义，倡导听众认识保险、接受保险，并积极参与到保险事业中来。

再如，健康饮食是近年来公众普遍关注的话题，“三高”问题是很多疾病的主要诱因。从饮食角度讲，“三高”产生的主要原因是人体对糖分的吸收和代谢出现了问题，因此低糖饮食、减少糖分摄入是一种新的健康生活方式。在传达这种理念时，就可以采用演讲的形式说服听众改变现有的生活方式，详细列举科学数据，并提供理论依据，使听众从思想上接受低糖饮食的健康生活方式。

3. 共鸣型演讲

演讲的目的在于触动听众，使其在思想感情上与演讲者产生共鸣，在心灵上受到震撼而能够共情。在《我是演说家》节目中，梁植的演讲“约定”讲述了抗战老兵欧兴田与他的同学和战友抗日救国的故事。当时只有十几岁的欧兴田和同学们为了抗日救国，在手臂上刺上自己的名字，只为自己牺牲后，活着的同伴在战场上能为自己收尸。当年一起抗日的 9 个伙伴，经历多次战争，在抗美援朝战争结束后，只剩下了欧兴田一个人。他为了完成当年的约定，辗转全国战场，耗时 23 年才找到所有牺牲同伴的遗体，并自费建立起一座陵园，安葬了这些同伴的遗体，三十年如一日守护着这些生死与共的战友。梁植的演讲打动了很多听众，有不少年轻人听了欧兴田老人和他同伴的故事后都潸然泪下，被当时年轻人的抗日热情所感染，深感我们国家现在的和平生活来之不易，更加崇敬这些为了国家、民族独立而牺牲的英雄们。在演讲过程中，欧兴田老人来到了演讲现场，所有的听众以起立鼓掌的方式迎接这位抗日英雄，并集体站着听完这位老英雄的演讲。这就是演讲者与听众的共情。

4. 助兴式演讲

助兴式演讲是一种以活跃气氛、调节情绪为目的，广泛应用在人们日常交际生活中的演讲形式。这种演讲通常用于聚会、会谈、婚贺、宴会祝酒等场合。其主要目的是调节气氛，形式一般是即兴演说，常根据现场环境和具体语境展开，在语言表达方面讲究诙谐有趣。

（二）按演讲的表现形式分类

随着时代和技术的进步，演讲的表现形式也逐渐多元化，演讲中“演”的部分逐渐受到人们重视。古人在很早的时候就认识到演讲的作用和力量，春秋战国时期的政治家、思想家人人都是演说家，他们仅凭借一张嘴就能左右甚至改变中国的历史；在新民主主义革命时期，无数爱国志士也是采用演讲的方式宣传爱国主义思想，李大钊、闻一多等都曾为了唤起更多中华民众的觉醒而“呐喊”，他们的演讲展现出惊人的力量，因为在演讲的背后是他们独特而进步的思想。今天的演讲也是要传达思想，但可以借助更多的辅助手段来实现演讲的目的。为了使现场更多的听众能够听到声音，可以用麦克风增大音量；为了让传达的思想超越时空的阻隔而使更多的人产生共鸣，可以利用网络媒体；为了更好地表达情感，可以利用图片、音乐、动画、灯光、服装、道具甚至摄像机和摄像技术来营造演讲的气氛。

1. 按演讲人数分类

按照参加演讲的人数分类，演讲可以分为单人演讲和多人演讲。单人演讲的演讲者只有一人；多人演讲是指两人或两人以上的演讲形式。多人演讲不同于单人演讲，它更加注重演讲中表演的部分，演讲者扮演故事中的人物，以情境再现的方式讲述故事。因此，多人演讲的效果一般更具观赏性。该种形式的演讲因为加入了更多“演”的成分，所以对演讲者的语言表达能力、情感表达能力、肢体表达能力的要求也更高。

2. 按有无视觉辅助物分类

按有无视觉辅助物分类，演讲可以分为有视觉辅助物演讲和无视觉辅助物演讲两种类型。所谓视觉辅助物，是指在当下技术设备手段支持的前提下，配合演讲内容所提前制作的幻灯片、图片、视频、音乐、道具、动画、H5 互动程序等辅助呈现演讲效果的物质。有视觉辅助物的演讲在气氛的烘托上更占优势，较容易引起听众的共鸣。无视觉辅助物的演讲对演讲者的能力要求相对较高，尤其是语言表达和情感表达的能力要十分优秀，才能达到与听众产生共鸣的效果。

（三）按演讲的社会功能分类

按演讲的社会功能分类，演讲可以分为宣传型演讲、比赛型演讲、汇报型演讲。

1. 宣传型演讲

宣传型演讲的社会功能是宣传教育。演讲的主要作用在于交流信息和情感，同时还有宣传教育的作用。演讲是比较经济、灵便、直接、有效、实用的宣传教育形式之一。前面介绍的告知型演讲、说服型演讲都具有宣传教育的功能。对于优秀人物、典型人物的事迹，演讲是最行之有效的宣传手段之一。

2. 比赛型演讲

比赛型演讲是常见的一种社会活动。这一类型的演讲常常是命题演讲，评价的标准也更为严格细致，同时还兼具竞争性和展示性。比赛型演讲不仅能使主办方宣传教育的目的得以实现，而且能使演讲者增进了解、促进交流学习，对于推动演讲事业发展、提高演讲者的演讲水平、使演讲者积累演讲经验都有着不可替代的积极作用。

3. 汇报型演讲

汇报型演讲侧重于相互交流目的的实现，多见于行业内部对阶段工作或者重点工作完成情况的展示和汇报。例如，公安系统举办爱岗敬业典型事迹展示活动，要求各个岗位评选出的优秀代表用演讲的方式展示典型事迹。这种演讲不同于演讲比赛，也不同于宣传教育，其目的是交流汇报前一阶段的工作成果。

三、演讲的评判标准

到底什么样的演讲才能称为好的演讲呢？这是演讲学习者们经常会问到的一个问题。评判一个事物的好与坏不能单纯靠主观的感受，而应该有一定的标准。由于评判的角度不同，听众对演讲往往有不同的评判标准，但归纳起来大致有以下三个方面。

1. 思想主题与内容

关于演讲的思想主题，要观点正确、鲜明、深刻且见解独到；演讲的内容要充实、新颖，事例动人，贴近生活，富有鲜明的时代感。央视主持人白岩松曾做过一篇题为“人格是最高的学位”的演讲。该演讲是从一个小故事开始的：

很多很多年前，有一位学大提琴的年轻人去向当时最伟大的大提琴家卡萨尔斯讨教：“我怎样才能成为一名优秀的大提琴家？”卡萨尔斯面对雄心勃勃的年轻人，意味深长地回答：“先成为优秀而大写的人，然后成为一名优秀而大写的音乐人，最后成为一名优秀的大提琴家。”

全篇演讲分别讲述了卡萨尔斯、季羡林、冰心三个人的四个故事，在每个故事之后都有饱含激情的议论，整个演讲基调或欢快、或激昂、或深沉，在演讲的最后又得出自己真实的体会：先成为一个优秀的人，然后成为一个优秀的新闻人，最后自然地成为一名优秀的节目主持人。

如果演讲的主题是错误的，那么无论内容如何精彩，都是一次失败的演讲；而如果演讲的主题正确而且深刻，但是内容平淡无奇，也同样不能收到较好的演讲效果。

2. 艺术价值

演讲的艺术价值主要包括演讲稿的选题立意、布局谋篇、遣词造句，演讲时口头语言和态势语言的表达技巧以及演讲风格等。演讲的有声语言要求发音标准，声音洪亮，口齿清晰，语速适当，表达流畅；节奏处理得当，态势语言等演讲技巧运用自如；整体表现力强，应变能力佳。能活跃气氛、引起共鸣的演讲都是具有艺术价值的演讲。

李佳顺同学的演讲风格就很新颖，他的演讲题目是“家与国”，听起来这是一个很宏大而又严肃的话题，可是整篇演讲却很轻松：

大家好！我是李佳顺！我本人并不是一个严肃的人，平时更喜欢脱口秀那种类型的演讲，不知道同学们有没有听过或者了解过脱口秀？如果了解的话那我就不好忽悠了，主要是因为今天这次演讲的主题不适合一直讲笑话，所以我只能放弃自己擅长的方面，挑战自己，来讲一讲我的家乡……

这篇演讲稿从选题立意、遣词造句到演讲的语言都有着自己独特的风格，李佳顺用一种相对轻松而又平和、温情的语言开始了自己的讲述。

3. 演讲效果

演讲效果是听众对演讲的一种反馈，也是最直观的评价标准。演讲的内容是否满足听众的期待，能否使听众产生感情的共鸣，演讲的形式是否新颖，演讲者的演讲水平和整体表现等都直接体现出演讲的效果。

例如，在课堂上做即兴演讲，要求大家从自己的身上拿出两样东西(可从学生证、钱包、配饰、笔等之中选择两样)，借助这两样东西来做即兴演讲。大部分同学拿出来的都是笔、学生证、身份证、水杯等，演讲内容都平淡无奇。然而其中一位同学拿出了自己女朋友的照片，围绕大学生恋爱发表自己的观点。一时间同学们讨论得热火朝天，随后又屏气凝神认真听完了这位同学的讲述。从听众的反应来看，这位同学的即兴演讲效果不错，成功地引起了听众的兴趣，而“屏气凝神认真听完了这位同学的讲述”说明讲述内容也能引起听众的共鸣。

四、演讲前的准备工作

凡事“预则立，不预则废”，充分的计划和周全的准备是成功的前提。演讲也需要做好充分、周全的准备，这样才会大大增加演讲成功的可能性。

美国历史上最伟大的总统之一林肯非常重视演讲前的准备。有一次，林肯在接到演讲邀请后，就开始准备自己的演讲稿，他在穿衣、刮脸、用点心时都想着怎样演讲，在把演讲稿修改了两次后，他仍然不满意。直到演讲开始的前一天晚上，他还在做最后的修改，甚至在演讲当天走进会场时，也仍在低头默想着演讲词。他的演讲只有短短的两分多钟，但掌声却持续了10分钟。这份被后人给予极高评价的演讲词，现在用铜字镌刻存放在英国牛津大学的博物馆里。

伟人对待演讲尚且如此，作为普通演讲者更应该做好演讲前的准备工作。下面主要阐述演讲前要在哪些方面做准备。

1. 选择话题

选择一个好话题是演讲成功的前提。任何演讲都有一个主题，在演讲开始前，要根据主题选择一个既适合自己也适合听众，而且适合组织者的话题，然后围绕话题开始准备演讲。同一主题下可以选择的话题非常多，演讲者需要在众多的话题中找到合适的切入点，用“以小见大”的方式围绕主题阐述自己对某个现象或者某个事物的认识和看法。例如，演讲的组织者或者举办方要求围绕“讲好中国故事　弘扬中国精神”主题展开演讲，演讲者就要围绕该主题寻找合适的话题。具体做法是先缩小“中国故事”的范围，可以选择中国历史故事或者当下的故事，找到弘扬“中国精神”的具体内容，有意识地将“中国故事”和“中国精神”具体化，进而找到合适的切入点以确定自己演讲的话题。

2. 分析听众

听众是演讲活动中的客体，是整个演讲活动需要围绕的中心，而得到听众的有效反馈则是演讲的主要目的。因此，演讲前一定要了解听众、分析听众，洞悉他们的年龄、兴趣、需求、喜好、文化构成等，有针对性地准备演讲，甚至要根据听众的特点和喜好选择话题和演讲形式。例如，当听众是青少年时，如果演讲的主题是英雄主义，那么在大主题下可根据青少年的特点，选择小英雄雨来、放牛娃王二小等与青少年有关的英雄故事，在演讲形式上可以采用互动式或者多人演讲的形式，这样更能引起听众的兴趣和情感共鸣。

3. 识记演讲稿

演讲稿撰写完成后，很多演讲者面临的最大问题就是如何脱稿演讲。流畅自然地把演讲内容呈现出来，是每一个演讲者的目标。快速识记演讲稿，需要遵循一定的步骤。

第一步是通读全文，了解文章的逻辑结构、段落、语言等基本文字内容，把稿子读通顺。

第二步是识记背诵。有的演讲者在背诵演讲稿时总是死记硬背，想要达到与演讲稿内容完全吻合，一字不差的效果。但演讲其实是个人观点的外化，演讲稿主要是阐述个人观点和看法，在识记背诵时不主张死记硬背，应在正确表达自己观点的前提下将自己的想法“说”出来，而不是“背”出来。在识记的过程中，可以按照开头、中心论点、分论点、论点下的故事、结尾这几个部分来识记；也可以先列一个大纲，保证自己思路清晰，在大纲下再识记细节，不断重复，最终达到全文背诵；也可以将演讲稿录制成音频，多次反复地听，以达到识记的目的。

第三步是反复演练。演讲只达到识记背诵演讲稿是远远不够的，演讲稿是要说出来的，因此在背诵的基础上，要进行全面的练习。对镜练习是一个很好的方法，演讲者可以对着镜子，从头到尾演练一遍，同时配合必要的微笑、动作、站姿、手势等，让演讲入情入理，形成一个完整的“表演”。演讲者要反复演练，直至熟练。

4. 制作视觉辅助物

演讲想要达到令人满意的效果，还需要一定视觉辅助物的配合。就像唱歌一样，清唱固然有它独特的韵味，但伴奏会使歌声更加美妙，更能扣人心弦。同样，在演讲过程中，为了使演讲更精彩，更引人入胜，可以提前准备视觉辅助物，如幻灯片、图片、音乐、视频等。

视觉辅助物的加入可以给演讲者带来必要的提示，避免忘词；也能更加生动、直观地展示演讲内容，吸引听众的注意力。人们总是会先记住形象生动的内容，也会因为某张图片引发关注和兴趣，因此制作视觉辅助物不仅能加深听众记忆，同时也能对演讲内容进行扩充。

5. 熟悉演讲环境

有人说，一个糟糕的房间会将一次最好的演讲变成一场灾难，可见演讲环境对演讲的重要性。每个演讲者在正式演讲前都一定要了解演讲的具体时间和地点、参加演讲的人员、场地的具体设备配置等。熟悉演讲环境可以有效缓解演讲过程中产生的紧张情绪，有利于建立演讲的自信。如在演讲前，可以提前熟悉场地，或走上演讲台，或环视大厅，观察讲台的摆设，也可以到听众中进行交谈，了解听众的需要、特点。在演讲前尽量做到万无一失、心中有数。

此外，演讲前的准备还有搜集材料、撰写演讲稿、修饰形象、设计态势语言等，这些内容在本书的其他章节介绍，在此不再赘述。

练一练

练一练答题指导

1. 近期你是否被身边的朋友、老师说服过？是否受到媒体宣传的影响？是什么打动了你？是他们的表情、动作，还是他们的建议满足了你的某种需求？

2. 莉莉和同学们准备参加市里的演讲比赛，他们选择的表现形式是“多人演讲”。彩排过程中，老师一直说他们的演讲更像是朗诵，不是真正意义上的演讲。作为他们的同学，请你对他们提出修改建议。

3. 你们班组织演讲比赛，作为同学们推选出来的评委，你认为从哪几个方面去评判大家的演讲才是比较公平的？

4. 王小明第一次参加学校组织的演讲比赛，很紧张，不知道该怎么做。请问：他在演讲前该做哪些准备工作呢？

任务二 撰写演讲稿

课程案例

《我们将战斗到底》是二战期间英国首相丘吉尔在1940年6月4日发表于国会下议院的一篇演讲。当时40万英法联军被德军包围在敦刻尔克的海滩，士兵们九死一生逃回英格兰。在这样的情况下，为了振奋人心，丘吉尔发表了本次讲话，下面是演讲内容的片段：

我们将战斗到底。我们将在法国战斗，我们将在海洋上战斗，我们将充满信心在空中战斗！我们将不惜任何代价保卫本土，我们将在海滩上战斗！在敌人登陆地点作战！在田野和街头作战！在山区作战！我们任何时候都不会投降。即使我们这个岛屿或这个岛屿的大部分被敌人占领，并陷于饥饿之中，我们的由英国舰队武装和保护的海外帝国也将继续战斗，直到新世界在神认为恰当的时候，拿出它所有的力量来拯救和解放这个旧世界……

我们可以看出，这篇演讲稿简短有力、激动人心，成功地在这关键时刻鼓舞了人心，稳定了军心。

想一想

作为一名演讲大师，丘吉尔的每次演讲总能牵动全国人民乃至全世界人民的心，总能被历史所铭记。请问：他演讲的成功除了因为过硬的口才能力、良好的控场能力，还有哪些方面的原因呢？

提示解析

一次演讲的成功，除了演讲者本人过硬的口才能力、良好的控场能力，真正能打动人的是演讲者的思想，而思想的承载体就是演讲稿。演讲稿不同于其他写作文体，它是为演讲服务的，是服务于听众的“听”的。因此演讲稿的思路、表现形式尤为重要。丘吉尔这篇演讲稿中最大的一个亮点就是用了不断重复的句式，加强了语气，同时又向战士们传达了不屈的决心、不败的信心；加之掷地有声的演讲，很好地鼓舞了士气。

课前练习

请根据大学生创新创业主题，撰写一份演讲稿。请问：你会从哪几个方面来组织演讲稿的内容？

演讲稿的撰写是一项复杂的工作，这项工作的完成质量会直接影响到演讲的效果。撰写演讲稿一般需要遵循构思选题、收集演讲材料、拟订演讲稿、修改演讲稿四个步骤。

一、构思选题

演讲稿的题目要体现演讲所要阐述的主要问题，也就是“讲什么”。演讲稿选题的好坏直接关系到演讲的成败和演讲目的的实现与否。题目的确立决定着演讲内容的取舍，也决定着演讲的价值。因此，构思选题至关重要。

1. 选题应紧扣时代主题、实现价值传播

选题要符合时代精神，突出社会教育作用，反映广大人民群众的意志，体现广大人民群众的愿望，表达群众呼声，紧跟时代潮流，以唤起听众的关切和注意，给听众传递积极向上的力量和希望。只有这样，才能打动听众，引起共鸣。

2. 选题要适合演讲者

(1) 选择演讲者熟悉并擅长的选题。只有对熟悉的领域或内容才能有话可说，才能展开深入分析。真正触动演讲者的选题才能使演讲者产生激情，在写稿的时候感同身受，全心投入。选择演讲者擅长的选题，演讲内容才会丰富深刻，才会体现出真知灼见，从而增强演讲的价值，真正地吸引住听众。

(2) 选择适合演讲者年龄、身份和气质的选题。演讲的选题一定要与演讲者的气质、身份相契合，这样才能体现其个性和特点。不能为了单纯迎合受众而盲目追求与其身份不相符的题材。如演讲者是中学生，要谈“爱情美学”，必然会感到力不从心，也与其身份

不符；若是谈“题海战术”不利于中学生成才，则肯定会颇有感触、思如泉涌。再如让一位厨师谈烹饪美食绝对能讲深、讲透，讲出水平，讲出属于自己的风格。

3. 选题要适合听众

演讲一定要考虑听众的客观需求，演讲的目的就是使听众有兴趣听下去，甚至听完演讲后能改变自己原有的认知或巩固认知。因此，凡是选用了听众不感兴趣的选题，演讲都必然会失败。

在分析听众时，应考虑以下 4 个问题：

(1) 听众是谁？

(2) 听众知道些什么？

(3) 听众想听什么？

(4) 你怎样才能激发听众的兴趣？

如果这几个问题都能回答上来，就可以开始草拟演讲稿了，这样的演讲稿至少是一份能吸引人又很有用并值得一听的演讲稿。

4. 选题要考虑规定的时间

在组织演讲的过程中要注意对演讲所规定的时间进行把控。一般情况下，邀请方或主办方都会对演讲有时间要求，因此确定选题时要考虑能在规定的时间内完成。一个超时的演讲或者提前结束的演讲都会是非常失败的。

5. 选题要适合特定的场合

任何演讲，其选题都要适合演讲的场合，既适合演讲的现场布置，以及演讲的时间、背景、组织、听众等，使主题与会场的气氛协调一致。如面对中学生时要考虑哪些选题是他们最关心的，而对于大学生又该用哪些题目去吸引他们的注意力等。因此，选题的确定要与特定的场合和听众相契合。

二、收集演讲材料

演讲材料就是用于演讲的事例、事理、数据等。没有材料，任何思想观点的表达都将是空话；没有材料，口才再好的人恐怕也是“巧妇难为无米之炊”。

1. 选择真实的材料

选择真实、准确的材料来说明论点，既体现了演讲者实事求是的精神品质，又增强了演讲的感染力、说服力，也能经得起听众和事实的检验。而那些为了制造某种效果和达到某种目的刻意虚构出来的材料，不但不能使听众信服，反而还会成为人们的笑柄。

例如，某厂女工做的《我们是亮丽的风景线》演讲，演讲者为了讴歌女职工在企业中的拼搏精神，举了这样一个例子：

谁说女子不如男？就说我们的“车间花木兰”魏娟吧。她是安装车间历史上第一位女班长。由于机械行业的特殊性，她刚上任时，车间的男职工们非常不理解，议论纷纷，什么“一个女的领着一群男职工们干铁匠活，太不成体统了！”，什么“哪有女职工当钳工班长的？”……总之，说什么话的都有。

面对重重困难，小魏丝毫没有退缩。为了完成生产指标，她带领班组人员加班加点，连续几个月每天工作长达 16 个小时。过去钳工总是拖车间的后腿，小魏上任后的第 1 个月，班里的质量、产量就跃居车间第一，并且连续 3 个月保持车间第一名。这下男职工们不禁感叹："真是巾帼不让须眉啊！"

有付出才有收获。有谁知道小魏背后付出了多少心血？因为工作太忙，小魏常常顾不上家，顾不上孩子，每次回家总是看到孩子睡着了，小脸蛋上还满是泪痕。有一次，小魏加班，正赶上她爱人上夜班，年仅 4 岁的女儿只好被单独反锁在家里。凌晨 1 点钟，女儿在家里打通了小魏的手机："妈妈，你们回来吧！我饿了，我害怕！"小魏的心像刀割一般，却依然坚守在岗位上……

刚一听，魏娟的事例确实让我们挺感动的，但仔细想想，材料却经不起推敲，如"她带领班组人员加班加点，连续几个月每天工作长达 16 个小时"，试想，一个人带领班组人员夜以继日，连周末也不休息地加班加点，体力是否吃得消？是否符合实际呢？再说，后面魏娟夫妇因为工作忙都要上夜班，把年仅 4 岁的女儿单独反锁在家里，女儿因为害怕，半夜拨打手机找妈妈的事情，是否也有些不合乎常理呢？且不说这么小的孩子会不会深夜拨打手机，就说单独被反锁在家里是否有安全隐患呢？这些做法可能听起来会让人备受感动，但仔细推敲，却有失真的嫌疑。

2. 选择典型的材料

收集的材料不能盲目使用，只有契合主题、能充分说明主题观点的材料才能使用，因此，必须要保证材料内容与演讲观点的高度统一，选择典型的材料来使用。

如 2021 年《人民日报》曾推出以"红心向党，热心从艺"为主题的新闻评论。报道中选择了曾经在电视剧《封神榜》中扮演姜子牙的蓝天野老先生。该评论对蓝天野的讲述是这样的：

蓝天野，"七一勋章"获得者，著名戏剧表演艺术家。他毕生致力于人民文艺事业，青年时期就投身进步文艺活动。1952 年，蓝天野成为北京人民艺术剧院第一批演员。他出演或导演了《茶馆》《家》等数 10 部优秀文艺作品，塑造了众多经典人物形象。蓝天野传承艺术艺德，为中国话剧艺术繁荣发展作出了重大贡献。

再如温州章华妹的故事：

章华妹从 18 岁开始摆摊做小生意，再到拿到"中国第一号个体户"营业执照，最后自己创办了公司，变成一位在党的十一届三中全会后，在温州这片土地上成长起来的中国个体户的代表人物。其中从不合法被打击到合法办证且得到国家支持的过程精彩又曲折，是能通过她一个人的经历反映整个社会改革的过程，是思想解放、方法探索的过程，更是反映整个中国改革开放 40 多年来所发生巨变的缩影。

因此故事的选取要具有典型性和代表性，这样我们的演讲才会有感召力。

3. 选择充足的材料

演讲要求大量地、详细地、充分地收集资料。材料越充足，思路就越开阔，论据就越充分，就越能正确有力地阐明所述观点，产生令人信服的力量。例如，畅销书作家约翰•甘德曾说："我总是收集十倍于我所要使用的材料，有时甚至达到百倍。"有一次，他写了

4 篇演讲稿，形成的文章也只有短短数页，但是密密麻麻的笔记及他所收集的材料却很多。

4. 选择新鲜的材料

在充分占有材料的基础上，要选择那些较新鲜和较新颖的材料，只有这样的材料才能激起听众的新奇感，增强演讲的感染力。

因此，演讲者平时在收集材料的过程中，不仅要留心现实生活中最近发生的新奇事情，同时也要善于收集那些过去早已发生但并没有广为流传的事例。只有采用那些最能说明主旨，且新鲜、新颖的事实和事例材料来论证观点，才能吸引听众，增强说服力。

三、拟订演讲稿

演讲稿通常由题目、开头、正文、结尾四部分构成。初学演讲者，应认真拟订演讲稿，在撰写过程中，要注意演讲稿语言的通俗化、口头化和流畅性。

1. 题目

演讲的题目不同于主题，它是整个演讲的灵魂。一个新颖、恰当、生动且富有魅力的题目不仅能去除平庸，也能瞬间吸引人的注意力，达到事半功倍的效果。

(1) 题目应体现演讲的主题。演讲的题目应含义清楚，与内容契合，能够揭示演讲的主题并概括演讲的基本内容，不可出现“文不对题”或“题不达意”的情况。这是对题目最基本的要求，也是演讲是否合格的门槛和标杆。例如，“一份耕耘，一份收获”“立足平凡岗位，铸就精彩人生”等题目就比较明确地揭示了主题。

(2) 题目应积极向上，给人启迪。演讲题目要有积极意义，要有时代感，并应富有启发性，甚至能催人上进、振奋人心。例如，“人生就是一场跟岁月的谈判”这个题目蕴含哲理，留给听众很大的思考空间；“以青年之力，助国家强盛”这个题目积极向上，可以引起听众在感情上的共鸣。

(3) 题目应新颖独特。没有人能拒绝一个新颖的题目，很多时候，读一本书、欣赏一个节目、阅读一篇新闻往往开始于一个新奇的题目。例如，“冬天的地中海”“我为谁工作”，题目简短而且很有吸引力；而“请党放心，强国有我”这个题目虽然主题很明确，但却过于普通，缺乏新意。

2. 开头

开头在通篇演讲中的地位相当重要，好的文章开头被形象地称为“凤头”。好的开头可以快速在演讲者和听众之间架起一座沟通的桥梁，拉近听众与演讲者之间的距离。需要注意的是，在具体写作中，开头应尽可能吸引听众的注意力，也要力求短小精悍，切忌拖沓冗长。

1) 提问 / 设问式开头

问题可以激起听众的好奇心，把听众的注意力快速地凝聚到一个点上，进而引发听众对演讲内容的关注。一些有经验的演讲者经常会利用一连串的问题作为开场白，例如：

“各位，我问大家一个问题，如果我要给大家一笔钱，有两种方式可选：一种是今天一次性给你 100 万元；另一种是今天给你 1 元，连续 30 天，每天都给你前一天两倍的钱。你会选择哪一种？”

“同学们，当前我们大学生求职出现了前所未有的困难，原因是什么呢？是我们国家的人才太多了吗？是我们学的东西过时了吗？还是我们的眼光不再符合社会需求了呢？”

试想作为听众，在听到问题后，是不是总是习惯性地去思考呢？一个有趣的提问会调动听众的兴趣，让他坚持到演讲结束。

演讲开头对问题的设计一定要精妙，要能引导听众按照发问者的意图进行思考和回答，否则演讲也可能会被听众的答案左右而偏离主题。

2) 故事性开头

每个人都爱听故事，当百无聊赖或者惆怅郁闷时，一个有趣的故事可能瞬间点燃人们对生活的激情，让人重整旗鼓。演讲中也可以多使用故事性开头来吸引听众。例如可将上面讲述的提问式开头改成故事性开头。

我要给大家讲一个故事，有兄弟两人非常虔诚，也非常善良，经常做好事。上帝决定给他们一个奖励，就对他们说：“我要给你们一笔钱，有两种给予方式，一种是今天一次性给 100 万元，另一种是今天给 1 元，连续 30 天每天都给前一天两倍的钱。你们俩可以任意选择。”最后，哥哥选了第一种，说他想成为百万富翁。弟弟想了想，问上帝：“你一定会连续给我 30 天吗？”上帝说：“没问题。”最后弟弟选了第二种方式。

需要注意的是，在选用故事性开头时要做到：叙事简明扼要；故事应具有针对性，能触发听众的兴趣；所讲内容要与中心论题密切相关，切忌长篇大论，更不能覆盖主题。

3) 描述式开头

描述式开头又叫作描写式开头，是指在演讲开头对人物、景物或现场的环境进行具体生动的刻画，用形象引发听众的联想，进而导入对主题的阐述，这样可以增加演讲的趣味性，吸引听众的注意力。中央电视台科教频道自 2019 年推出《薪火相传——全国爱国主义教育示范基地巡礼》大型系列专题片，其中第 38 集《铁人丰碑》就用了典型的描述式开头：

1960 年，一场轰轰烈烈的石油大会战在东北荒原上打响。会战中，为了压住井喷、保住油井，王进喜奋不顾身地跳进了泥浆池，用身体搅拌泥浆，后来 1205 钻井队的队员们也纷纷跳了进去。经过 3 个多小时的搏斗，井喷终于被控制。“宁肯少活 20 年，拼命也要拿下大油田”的口号在辽阔的松辽平原上久久回荡。

4) 开门见山式开头

开门见山的开头方式开宗明义，概括主要内容，直接揭示主题，说明意图。

朱自清《论气节》中开门见山地说道：“气节是我国固有的道德标准，现代还用着这个标准来衡量人们的行为。”

北京卫视大型原创新锐语言竞技真人秀节目《我是演说家》中梁植的演讲《我的偶像》是这样开头的：

“今天现场坐在我面前的四位导师是很多人心中的偶像，我相信今天在场的各位，大家也或多或少都有自己心中的一个或者多个偶像。今天来到这儿，我是想告诉大家我的偶像。”

这种开头方式的演讲简单直接，直奔主题，在具体实践中要做到：主题集中突出，语言准确精练，不宜转弯抹角，不要过度渲染铺垫。

5) 新闻式开头

这种开头方式是演讲者当众宣布一条令人震惊的新闻以引起听众的高度注意。例如：

据某家国家级报纸报道：在国外，几乎所有国家的公共场所都专门贴有用中文写的告示牌——请不要随地吐痰和乱扔果皮纸屑。朋友们，这并非一件正常的小事，而是对号称文明古国的子孙们的一种讽刺。

这样的新闻显然能一下子吸引听众的注意，也是一种新颖的开头形式。考虑到新闻的特性，演讲者选取新闻时要注意：首先必须是真实的新闻，切不可故弄玄虚、道听途说；其次要选择最近发生的事，不能是“旧闻”。

6) 道具式开头

道具式开头又叫作实物式开头，是指演讲者在开讲之前向听众展示某种实物，给听众以新鲜、直接、形象的感觉，从而引起听众的注意。道具的选择很宽泛，可以是一幅画、一件衣服、一张证书、一枚戒指等。例如，《我是演说家》中王帆的演讲《做一个怎样的子女》是这样开头的：

“我是一名 80 后。顾名思义，80 后就是指 1980 年到 1989 年出生的人，对吗？但是在中国，80 后还有一层比较特殊的含义：它其实是指在上世纪 80 年代初中国正式实施计划生育之后出生的第一代独生子女。我们一出生，就获得了一个国家级证书，叫作‘独生子女证’……”（说着便拿出证书向观众展示）。

演讲者直接以证书为道具，以讲述“独生子女证”为开头，层层递进，讲出了应该做一个怎样的 80 后子女。

以上几种是演讲常用的开头方式，演讲者可以根据自己的需要选取适合自己、适合演讲主题、适合自己表达风格的方式来组织演讲稿。但无论采用哪种方式，演讲者都不要忘了最开始的目的：让听众对演讲感兴趣，让他们想继续听下去。

3. 正文

正文是演讲稿的核心部分，因其内容的丰富性也被形象地叫作“猪肚”，这部分内容可谓是“大而丰”。在正文部分，演讲者要充分运用各种论据，调动各种演讲手段，有条不紊地、巧妙地证明中心论点。

1) 安排结构，组织观点

演讲稿只需设置两到三个主要论点，论点太多，不利于听众理解。可以使用数字、提问等标志性词语帮助听众较快把握演讲的层次结构，例如：首先、其次、再次，第一、第二、第三，或者结构相同的句子等。

在演讲中，除了利用关键词或句子来明确演讲层次结构，在组织主要观点时，也可以按照以下几种顺序组织内容。

(1) 时间顺序。在组织演讲稿时，为了使结构思路更清晰，一般可以采用时间顺序。例如，讲述一个人，可以按照幼年时期、青年时期、中年时期和老年时期的发展阶段来介绍；介绍一所学校，可以从它的历史成就、现状、未来的发展几个阶段来论述。利用时间顺序来组织主要观点，可以使演讲稿层次分明，听众听起来条理清晰。

物理学家李政道的演讲《科学的发展——从古代中国到现在》，就是按照从前往后的时间顺序来组织的：

全世界最早的有关新星的记录，是甲骨文，在商朝……

中国商朝就有科学的仪器——悬机……

从明末清初开始，中国科学下降了……

在 19 世纪，经过法拉第的试验，麦克斯韦在 1864 年创建了电磁理论概念，即把磁生电、电动生磁这两个现象完全用精密的麦克斯韦方程组表现出来……

当代的科学大问题，可以与 19 世纪末相当的大问题，在宇宙学里有两个……

(2) 空间顺序。另外一种常见的组织方式是按照空间顺序。空间顺序也叫作方位顺序，依据事物的组成部分，可以按照从前到后、从左到右、从外到内，或从大到小、从整体到局部的顺序来说明。采用这种方式有利于全面介绍事物的特征，同时也有助于演讲者在撰写演讲稿时保持清晰的思路。

黄传惕写的《故宫博物院》广播稿就是按照空间顺序组织思路的：

桥的北面是太和门，一对威武的铜狮守卫在门的两侧……

太和殿俗称金銮殿，高 28 米，面积 2380 多平方米，是故宫最大的殿堂……

太和殿后面是中和殿……

中和殿后面是保和殿。雍正后，这里是举行最高一级考试殿试的地方……

广场北面乾清门以内叫作“内廷”，是皇帝和后妃们生活起居的地方，主要建筑有乾清宫、交泰殿、坤宁宫和东六宫、西六宫……

(3) 提出问题、解决问题的顺序。在演讲的开头提出一个大家都关注且具有共性的、需要解决的问题，然后演讲者在后面的演讲中围绕这个问题进行说明。例如：

提出问题：如何提高我们的口才能力？

解决方法：克服心理障碍、多练习、找到合适的方法等。

(4) 主题顺序。演讲者首先要明确自己的演讲主题，然后确定通过这次演讲想要达到的目标，接着围绕这个目标来组织各个分散的观点。

例如：演讲话题为“大学校园应不应该对外开放？”你赞同的观点是“大学校园不应该对外开放”，以下是各方观点。在组织演讲稿时，应如何排序呢？

大学生的观点：大学校园对外开放，外来人员增多，造成校园设施拥挤。

校外的观点：大学校园内有健全的体育设施、娱乐场所，而且食堂饭菜种类多、价格实惠，来校园活动很方便。

学校管理者的观点：外来人员鱼龙混杂，存在安全隐患。

一般而言，听众对最后听到的信息记得最清楚，所以在此类探讨性演讲中，为吸引听众继续听下去，要列举一些观点，但是要把自己赞同的观点放在最后讨论。

2) 用“讲故事”代替“讲道理”

事实是最具有说服力的，但是枯燥的事实理论无法引起听众的兴趣，因此有人总结说：演讲就是讲“有事实的故事”，其实也不无道理。故事的选取一定要有震撼性，让听众能情不自禁地喊出“哇”。在演讲中，可以针对每个观点、论点讲 1 ～ 3 个故事。

(1) 故事的分类。一般作为论证材料的故事可以分为 5 个大类。

① 名人的故事。名人故事是日常生活中众所周知的故事，也是大家最熟悉、最容易产生共鸣的故事。故事的主人公往往是那些在历史上或在现代社会发展中有卓越成就的人物，这些名人的故事不仅仅是一些有趣的故事，更是一种文化传承。他们的故事可以激励人们追求卓越、不断努力，不断挑战自我、超越自我。例如，爱迪生的故事激励很多人在今后的学习和生活中要坦诚面对失败，明白成功是在一次次失败中获取的；司马迁的故事告诉世人，即使身体残缺，忍受着非人的痛苦，他依然坚持着自己的事业，坚守着作为一名史官的责任；钟南山的故事展示出医者仁心，守住本心，治病救人永远是从医人员的职业操守，他们在灾难到来前为人们筑起生命的长城。

② 自己的故事。最好的故事就是自己的故事，将自己的亲身经历和感受分享给听众，即使没有太多演讲技巧也能够打动听众。有个学生讲过这样一个故事：

“专接本期间，我在图书馆占了一个座位，这样每天就不用再随机找座位了，然后在座位上放了自己的考试用书，还放了一些娱乐书籍，因为我这个人进入学习状态慢，每当没有状态时，就看会儿娱乐类的书籍，其中最喜欢看的是那本讲电影的书。记得那天下午，我像往常一样去上自习，百无聊赖时，想先打开那本讲电影的书看看，忽然发现里面夹了一张纸，密密麻麻写了一大张……”

台下听众听到这儿会立刻被吸引住，想要知道那张纸上究竟写了什么。所以自己真实有趣的经历是最吸引人的。演讲者如果能够将自己曾经经历过的事情放到演讲中，那么听众对演讲者的信任度会大大增加，现场的热情也会被带动起来，演讲的感染力自然也就会得到增强。

③ 寓言故事。寓言故事是一种以动物或其他非人类角色为主人公，通过故事情节来传达道德或哲理的文学形式。它不仅具有娱乐性，还能够帮助人们更好地理解生活中的道理和价值观。演讲时，选用这类故事，在形式上更容易让受众理解和接受这些哲理，从而为自己的观点服务。

④ 身边朋友的故事或者社会热点故事。讲述朋友的故事或社会热点故事更像是生活中的聊天分享。这些故事或许是听众熟知的，或许是听众陌生的，它们像一张张巨大的故事网覆盖着现代社会，带领听众了解社会、认识社会。演讲者通过生动的情景、真实的人物、鲜活的语言等，使听众深刻地认识到社会存在的问题或危害，帮助听众更加关注社会问题，拓宽视野。

⑤ 知名企业的故事。企业成长故事可以让整个企业变得生动起来。对企业内部，它具有传承企业精神、诠释企业价值理念、传播品牌形象的作用；对外，一个企业的成功或失败对个人甚至社会都有着榜样或警醒的作用。例如，提到海尔文化，人们马上想到的就是“砸冰箱”；提起新东方，俞敏洪在北大发培训传单被抓的画面立刻浮现在眼前；而铁人王进喜之所以成为大庆油田乃至一代石油工人的典型象征，就在于他不顾生命危险，带

头跳进泥浆池，用身体搅拌泥浆，最终制服井喷。因此，精彩的典型案例可以很好地服务于演讲，并能作为佐证观点的有力材料。

通常在讲故事的时候，最好是有一个别人的故事，再有一个自己的故事。别人的故事可以扩大听众的想象力，自己的故事通常比较具有感染力。

(2) 好故事具备的四个要素。

① 突出主题。主题就是讲故事时想表达的内容，也可以理解为主旨，故事的展开都要围绕这个主旨来进行。如果主题不清晰，读者读完就会感到云里雾里，不知所云。例如现在有的短视频只是把事件情节简单罗列，并没有围绕主题展开论述，导致作品浮于表面，没有深度。

演讲者要知道故事只是承载观点的一个框架或者形式，是为观点服务的，否则故事就只是一具空壳。因此，突出主题应是好故事的最基本要素。

② 展示冲突。冲突，就是碰撞、冲撞，是摩擦和对立的体现。通常认可的好故事都是紧张的、刺激的，甚至是难以两全的，所以说“无冲突，没故事”。

冲突可以是群体之间的，小到邻居矛盾，大到世界大战；冲突可能很血腥，也可能很文明，比如战争杀戮、职场竞争；冲突可以是双方的，比如发生在夫妻、兄弟、朋友之间的矛盾；还可以是多方的，比如宫斗戏；冲突也未必是两个个体来完成的，单独个体内心的不平衡和矛盾也可以是冲突。例如：

这件衣服很漂亮，可我已经有一件类似的了，是买还是不买……

马上要毕业了，是选择接本还是选择工作……

所以，当在演讲中打算讲一个故事的时候，可以想一下：选取的故事情节中有冲突吗？冲突的矛盾双方是谁？起因是什么？冲突过程如何呈现？为什么要表现这个冲突？通过冲突想带给听众什么样的心理体验？只有这样，一个有冲突的故事才会体现出它本身应有的作用和价值。

③ 呈现意外。没有想到的事情发生了，就是意外。需要注意的是，这里说的意外不是演讲者的意外，是指听众在听故事过程中，故事下一步的发展在听众的意料之外。很多影视故事里面的情节就是靠一个接一个的意外来吸引观众的。

那在演讲中讲故事，如何让所讲的故事有意外呢？一个检测手段就是评估听众能不能猜到后面事情的发展。如果一开始就能让听众猜到结尾，那这个故事肯定是没有新意的。相反，如果在故事的发展过程中出现了“反转”，让听众意想不到，那就是一个好故事。

④ 聚焦细节。细节往往是最能触动人心的部分，可以预测事件的走向，可以展现一个人的人品，可以体现一件物品的与众不同，可以说“细节决定成败”。

在演讲中，要善于运用细节描写来讲好故事，用细节为人物服务、为事件服务，最终为观点服务。

(3) 讲好故事的三种方法。如果某个故事内容很好，但却不能打动人，这会是什么原因呢？如果故事内容已经很精彩了，可以考虑换一种讲述方法。下面介绍几种不同的讲故事的方法。

① 他故事。演讲者在讲故事的时候，只是以一个讲述者的身份，讲述客观发生的事情。例如，在下班的途中看到一棵大树压倒车辆，偶然看到的一则社会热点新闻，别人提

起的与陌生人之间的一次争吵等，都是他故事。这些故事对演讲者和听众而言是遥不可及或事不关己的，演讲者只是充当一个客观陈述者的角色。

② 你故事。如果想与听众互动，将听众更深地代入角色中，就可以用你故事。例如：

你和女朋友去民政局领证，提前准备好了所有需要的证件，按照要求你们排到了第 18 号，可是随着时间的流逝，排在 19 号、20 号、21 号的情侣都已经相继领证离开，但你的业务办理却迟迟没有回复。正当你暴跳如雷，打算找民政局的工作人员理论的时候，突然，工作人员涌出来大喊："新婚快乐！"

通过这个例子可以看出，你故事就是将听众假想成故事的主角，用第二人称"你"来讲述这个故事。通过这种讲述方法，听众不再是一个客观的旁听者，而是故事的参与者，因此可以最大限度地调动听众的积极性。

需要注意的是，你故事拓展了听众的想象力，因此为了让听众更加感同身受，演讲者在进行你故事描述时，节奏要适当放缓，情节也不可太过跳跃，应当连贯有序，也可以通过细节描写来还原现场，如当时的天气、温度、海水的颜色、人们的表情、风吹在脸上的感受等。

③ 我故事。我故事是指演讲者自己就是故事的主人公，把自己的真实经历用故事的形式"演"出来。很多人平时可能不擅长讲故事，可是在讲到自己有趣的亲身经历时，却能侃侃而谈，这就是我故事的好处。我故事能让演讲者全身心投入，把故事讲得绘声绘色、形象生动，听众好像在看表演一样。

需要注意的是，在讲述我故事时，演讲者需要特别留意对故事细节的描述，那些独特的细节不仅能够增加故事的可信度，塑造整体人物形象，还可以为听众描绘出一个真实的情景，让听众身临其境，如痴如醉。

(4) 讲好故事的造势技巧。演讲者应善于在讲故事中根据演讲主题的需要调动种种艺术手段，营造一种既切合演讲主题又适合当时特定现场氛围的气势，以期把听众带入演讲独特的艺术情境中，并把演讲推向高潮，使演讲产生强大的感召力和鼓动性。以下介绍一些讲故事中的"造势"技巧。

① 欲扬先抑。扬，即振发或褒扬；抑，即收敛或贬抑。运用欲扬先抑的方法，可以在表情达意上造成一种反差，营造一种气势，使故事跌宕起伏，富有动感，引人入胜。莫言在《讲故事的人》演讲中曾讲过一个关于母亲的故事：

一个中秋节的中午，我们家难得地包了一顿饺子，每人只有一碗。正当我们吃饺子时，一个乞讨的老人来到了我们家门口。我端起半碗红薯干打发他，老人却愤愤不平地说："我是一个老人，你们吃饺子，却让我吃红薯干，你们的心是怎么长的？"我气急败坏地说："我们一年也吃不了几次饺子，一人一小碗，连半饱都吃不了，给你红薯干就不错了，你要就要，不要就滚！"母亲训斥了我，然后端起她那半碗饺子，倒进了老人碗里。

莫言的故事其实是在赞美母亲，但全程却没有用多么华丽的语言，甚至提到母亲的句子就是最后一句，但就是这么一句话，母亲善良的形象跃然纸上，这就是大师的手笔。

② 设置悬念。设置悬念是在故事的某一部分设置一个疑问或者矛盾冲突，以激起读者满心期待和关心的一种写作手法。

如鲁迅先生在他的小说《祝福》中，就用了设置悬念的讲故事手法。小说讲的是知识分子“我”回到故乡寄宿在鲁四老爷家，见证家里女仆祥林嫂死亡的悲剧。故事一开始就告诉大家祥林嫂死亡的消息，但是却无人关心和过问。读者不禁好奇：“为什么祥林嫂会去世？她是谁？她为什么会如此悲惨，在‘祝福’声中死去？”设置这些悬念后，作者才开始揭秘祥林嫂的悲惨遭遇。

莫言在《讲故事的人》演讲的最后，也讲述了一个类似的故事：

有八个外出打工的泥瓦匠，为躲避一场暴风雨，躲进了一座破庙。外边的雷声一阵紧似一阵，一个个的火球在庙门外滚来滚去，空中似乎还有“吱吱”的龙的叫声，众人都胆战心惊，面如土色。有一个人说：“我们八个人当中，必定有一个人干过伤天害理的事情，谁干过坏事，就自己走出庙去接受上天的惩罚吧，免得让好人受到牵连。”自然没有人愿意出去。又有人提议：“既然大家都不想出去，那我们就将自己的草帽往外抛吧，谁的草帽被刮出了庙门，就说明谁干了坏事。那就请他出去接受惩罚。”于是大家就把自己的草帽往庙门外抛。七个人的草帽都被刮回了庙内，只有一个人的草帽被卷了出去。大家就催这个人出去受罚，他自然不愿出去，于是大家便将他抬起来扔出了庙门。故事的结局我估计大家都猜到了，那个人刚被扔出庙门，那座破庙便轰然坍塌。

以上两个案例说明，有悬念的故事可以瞬间抓住听众的心，还可以活跃现场气氛。在演讲中要善于利用悬念来吊听众的胃口，这类故事放在演讲开头，可以吸引听众往下听；放在演讲中间，可以缓解听众的疲劳情绪；放在最后，可以让听众感到“意犹未尽”。

演讲中论证观点的常用方法

讲故事的造势技巧当然还有很多，在此就不再赘述了。但需要注意的是，无论选用哪种方法，故事的选取、造势的形式都是为主题服务的，如果脱离了演讲的主题，为造势而造势，纯粹作为一种玩弄技巧的“语言包装”，那就是舍本逐末了。

4. 结尾

结束语和开头同等重要，是演讲者表述思想、打动听众的最后机会，甚至很多时候，也许听众前面根本就没听进去，但最后的结束语很精彩，也会给听众留下深刻的印象。良好的结尾能使演讲在热烈的气氛中圆满结束，使人印象深刻、回味无穷。

1) 总结式结尾

演讲者对前面演讲的内容进行简明扼要的总结概括，甚至对主题进行拔高。如列宁1921年在全俄运输工人代表大会上的发言就采用了总结式结尾：

“对于你们这些铁路和水运员工的代表们来说，结论只有一个，而且也只应有一个，这就是百倍加强无产阶级的团结和无产阶级的纪律。我们无论如何都应当做到这一点，无论如何都要争取获得胜利。”

在这则演讲中，列宁对前面的演讲内容进行总结概括，提炼出中心观点，再进行强调，以使听众留下深刻的印象。

2) 感召式结尾

演讲者如果希望听众在听完演讲后去做些什么，或者达到什么样的要求，在结尾部分可以提出热忱的希望、鼓励、号召，也可以表决心、立誓言，从而在感情上掀起波澜，起到激励的作用。例如：

“同学们，请信任我，投我一票，给我一次锻炼的机会吧！我会经得住考验的，相信在我们的努力下，充分发挥每个人的聪明才智，我们的班务工作一定能做得十分出色，我们的班级一定能步入先进班级的行列。”

“全国的共青团员、青年朋友们！实现中华民族的伟大复兴，需要你们去奋斗。希望你们……谱写出更加壮美的青春之歌！向着祖国更加美好的明天，前进！”

3) 抒情式结尾

抒情式结尾是演讲者在叙述完事件或事例后所发表的感情议论，也可以是油然而生的感情升华。它具有个性化、诗意化、主观性的特点，直接向听众抒发情感。例如：

“亲爱的朋友们，如果您看到有一朵洁白的荷花，在一瓣一瓣地、默默无闻地盛开，那就是我，是我们，是我们白衣天使的心。”

4) 呼应式结尾

呼应式结尾与开头呼应，讲究首尾对照，但需要注意呼应不是结尾对开头内容的简单重复，而是加深主旨，升华主题。如西班牙诺贝尔文学奖获得者塞拉在《虚构颂》演讲中就用了呼应式结尾。

“通过努力和想象，人最终可以成其为人。在这种很大一部分尚未完成的事业中，虚构在任何时候、任何情况下都是一个决定性的工具：在通向自由的无尽的征途上，它能够给人们指引方向。”

再如白岩松在江西财经大学《没有一代人的青春是容易的》演讲中也采用了首尾呼应的方式来结尾。

开头：

“看到这个热气腾腾的场面，就想起自己的大学生涯。对我来说，大学是一生当中最美好的四年。前天晚上在广州，因为做亚残运会的志愿者，我们大学的几个同学，即使很晚，也要一聚，因为他们是你一生的朋友。”

结语：

“我们在上大学的时候流行的一首诗的第一句就是‘21 岁我们走出青春的沼泽地’。可见，大家也正在沼泽地里。所以，去放大青春中那些最美好的东西，去享受这个日子，把平淡的日子往幸福那儿靠。所以，期待你们的将来。”

5) 警言式结尾

当你不知道用什么样的话语来对演讲的内容进行总结升华时，就可以采用警言式结尾了，可以是谚语、成语、警句、诗词等。这种结尾言简意赅，多有韵律，使内容显得充实、丰满，具有哲理性和启发性。

《超级演说家》第二季冠军刘媛媛在她的演讲《寒门贵子》中采用的就是警言式结尾：

“这个故事关于独立，关于梦想，关于勇气，关于坚忍。它不是一个水到渠成的童话，没有一点人间疾苦。这个故事是有志者事竟成，破釜沉舟，百二秦关终属楚；这个故事是苦心人天不负，卧薪尝胆，三千越甲可吞吴。”

最后需要注意的是，结尾和开头一样，开头是“凤头”的话，那结尾就是“豹尾”，要简短有力，引人深思。此外，在对结尾内容进行演讲时，语气应由平和转为或激动、或鼓舞人心、或耐人寻味，要给人以启迪和鼓舞。没到结尾的时候，不要使用“以上就是我要说的话”或者“综上所述”之类容易误导听众的词语，以免听众以为演讲就要结束了，从而影响演讲的整体节奏。

四、修改演讲稿

演讲稿写完之后，能直接拿来用了吗？当然不是，俗话说“文不厌改”，只有经过“千锤百炼”，文章才会“登峰造极”。美国前总统罗斯福在每篇演讲草稿写出来后，往往都要修改十几次，有时到最后完稿时，第一稿中的内容甚至会全部被修改掉。他谨慎认真地起草和修改演讲稿的故事，在演讲史上被传为佳话。

演讲稿的修改要从大处着眼，遵循“先整体，后局部”“先观点，后材料”的法则，顺着“观点—材料—语言”的顺序进行。

1. 校正观点

校正观点是修改演讲稿的第一步。首先要注意演讲主题一定要积极向上，要有正确的价值观，不能有意识形态方面的错误；其次要明确这篇演讲是想表达一个什么样的主题，有没有跑题，是不是围绕着大方向来确定选题的；最后要看围绕中心论点的分论点是否准确，是否具有普遍指导意义，分论点是否层层递进，是否和中心论点相契合，否则就要对观点进行修正、调改。

2. 增删材料

材料是撰写演讲稿的基础，没有合适的材料就写不出优秀的演讲稿。在撰写演讲稿时要保证材料与观点的高度统一。

修改材料主要采取“增、删、换”的方法。如果某些材料或事实不充分，演讲内容就会显得单薄，难以使人信服，此时就需要增添和补充适当的材料，使演讲内容显得完整、丰满；如果事实材料和事例材料太过冗长、繁杂，演讲内容就会显得冗赘或叙述不清，这时需要适当删减一些材料；如果选择的材料内容和观点的统一性不高，甚至不具有典型性和准确性，就要直接摒弃材料，换成较契合主题观点的材料。

3. 调整结构

结构是演讲稿的框架，是组成演讲稿的骨骼，通过结构，听众可以看到演讲者清晰的思路。反之，结构不清晰，则会给人颠三倒四、不知所云的感觉。因此调整结构也是修改演讲稿的重要一环。

4. 变换手法

适当地运用修辞手法是美化语言的重要途径。演讲中常用的修辞手法有比喻、排比、比拟、层递、设问、反问等。

比喻具有增强语言表现力和感染力的作用，它可以使抽象的事物具体化，让深奥的道理变得浅显易懂，使语言更加生动、形象和具体，所以在演讲中运用比喻要新颖、奇特，切忌使用陈词滥调。演讲中恰当运用对比手法，能使主体形象突出，能较全面地表现演讲者的观点，深刻揭示事物的本质特征。排比是三个或三个以上结构相同、字数相近、语气一致、意义相关且互相平行的词语或段落连续排列在一起的手法，运用排比手法，可以增强语言气势，在形式上给人一种整齐划一的感觉，在内容上也起到强调的作用，能更好地加深听众印象。

因此在修改演讲稿时，要善于通过新颖生动、丰富多变的句式来吸引听众的注意力，增强演讲语言的感染力。

5. 修饰语言

“上口”“入耳”是对演讲语言的基本要求，也就是说演讲的语言要口语化。口语化有两个突出的特点：一是语言非常亲近，容易拉近与听众的心理距离；二是语言非常简洁。闻一多曾写过一篇非常经典的演讲稿，其中有部分内容是：“今天，这里有没有特务？你站出来！是好汉的就站出来！你出来讲！凭什么要杀死李先生？”这种演讲的内容就好像是面对面与人对话，而且多用短句，让听众听起来也很“入耳”，值得借鉴。

此外，演讲稿在简洁的同时，还要满足意蕴丰富的要求。老舍在一次演讲稿中描述春雪是这样写的：“飘飘洒洒，飞飞扬扬，稀稀落落，一片片晶莹剔透的雪花从天而降，马上阳春三月了，居然还有这种稀奇古怪的天气。”当然，大师的语言水平不是每个人都能达到的，但要有这种锤炼语言的意识。

不管语言如何锤炼打磨，真挚的感情永远是最打动人的。如某公司领导在一次表彰基层员工取得优异业绩时说：“你们任劳任怨，一直勤奋地工作在基层，用勤劳的双手兑现着对公司的承诺，你们值得拥有现在的奖赏。”虽然只是短短几句话，但对员工却是深深的感激且情真意切。

五、演讲稿例文写作解析

完成一篇适合演讲的演讲稿对于大多数演讲者而言，总是有一定的困难。接下来以《我是演说家》中梁植的演讲稿——《我的偶像》为例，解析演讲稿的写作技巧。

我 的 偶 像

演讲者：梁植

今天现场坐在我面前的四位导师是很多人心中的偶像，我相信今天在场的各位，大家也或多或少都有自己心中的一个或者多个偶像。今天来到这儿，我是想告诉大家我的偶像。

我们一起先来讲三个问题：如果说你一不小心，用不到三年的时间，从美国的名校拿回一个博士学位，你的导师跟你说：“你很有才啊，我觉得你只要跟着我混，我带着你，给你最好的待遇，你留在美国，我能让你成为世界一流的科学家。”这个时候，你们会怎么选择？可能做科研对你们来讲太遥远，因为咱们都不是“学霸”。那么，如果说是你的男朋友或者女朋友，他有一天回家告诉你说：“亲爱的，我要调动工作了。但是去哪儿、做什么和去多久我都不能说。”这个时候你要怎么办？好，如果说有一项事业，因为你的努力，让中国在这个领域拔地而起，提高了中国的话语权，你觉得你应该获得这个国家什么样的奖励？

我的偶像用他的一生回答了这三个问题。26 岁，用不到 3 年的时间拿到美国的博士学位，在拿到博士学位之后的第 9 天，回到了 1950 年那个一穷二白的中国。34 岁，他回家告诉妻子说：“我要调动工作了，我明天走。”妻子问他：“你要去哪儿？你要去做什么？你要走多久？”他的回答是一样的：“不能说，不能说，不能说。”从此，他从他的妻子、两个孩子和所有熟悉他的人中消失了整整 28 年。回来的时候，他是一个直肠癌晚期的病人，61 岁。作为中国第一颗原子弹和第一颗氢弹的理论设计的总负责人，他一共获得了国家奖金特别奖 20 元，其中原子弹 10 元，氢弹 10 元。是，我的偶像，叫邓稼先。

从去年开始，我有机会在话剧舞台上重塑这位科学巨匠，从那个时候开始，我才意识到，原来“两弹元勋”这四个金灿灿的大字背后，藏着那么多的难以想象。难以想象一次试验事故，邓稼先一个人冲进试验区，捡起那枚摔碎的核弹，命令所有人都在场外待命。难以想象核辐射的后果是，止疼用的杜冷丁从一天一针变成一个小时一针。难以想象邓稼先躺在病床上说得最多的一句话是“你们快去工作吧，别让那些国家把我们中国落得太远了。”

2012 年 3 月，我有幸去拜访邓稼先的夫人许鹿希女士。我没想过“两弹元勋”的夫人今天仍然住在 50 多年前的老房子里，房子里的陈设和 50 多年前没什么区别。我们走的时候，老人说：“今天给你们讲了这些往事，我需要缓一缓。”我没想过，邓稼先已经离开我们将近 30 年之后的今天，往事对他的家人来讲，并不如烟。就在不久之前，习近平主席到荷兰海牙参加世界核安全峰会，电视机前的我泪流满面。因为我想到了老邓，如果老邓还在，他今年正好 90 岁，如果他知道中国发展得这么好，中国的核事业走得这么稳，他该会有多骄傲，有多高兴！如果老邓还在，他今年正好 90 岁，我想请他到《我是演说家》的演播室里来，让他看看这炫目的灯光，让他看一看今天在座的每一个人的笑脸。如果老邓还在，我多想亲口告诉他，我们这些 80 后、90 后的孩子真的很崇拜他，因为有他，因为有和他一样的一大批科技工作者的努力，中国有了现在的模样，我们有了今天的生活，我们不该忘了他们！

今年是中国第一颗原子弹爆炸成功 50 周年，是邓稼先诞辰 90 周年，让我们一起在这样特殊的时刻，向老邓致敬！向每一位科技工作者致敬！

（根据演讲视频记录）

这篇演讲稿全文 1200 多字，演讲时长 5 分钟多一点，平均每分钟讲大概 250 字，语速适中，适合情感抒发。演讲稿的主题是弘扬“两弹元勋”邓稼先为了祖国的核事业奉献一生的精神，并指明邓稼先是 80 后、90 后的偶像。主题突出爱国主义精神、奉献精神，对听众的偶像观进行了积极引导。在演讲稿的选材方面，一般演讲者会结合自身经历讲自己的故事，或者讲别人(名人)的故事。讲自己的故事较有说服力，但是符合主题的亲身经历有限，材料选取有一定难度。讲别人的故事或者名人故事，是大多数演讲稿都会采用的选材方式，因为材料丰富且易于搜集，如果是名人故事还会产生名人效应，增强演讲的说服力。这篇演讲稿突出的特点是，不仅讲了名人的故事，还充分结合了自己在话剧舞台上扮演邓稼先、去采访邓稼先夫人许鹿希女士的亲身经历，使演讲具有真实性且更具说服力，情感表达也更真实，更容易引起听众的共情。

这篇演讲稿的开篇直接揭示主题——“今天来到这儿，我是想告诉大家我的偶像”。但是演讲者并没有直接告诉听众“我的偶像”是谁，而是向听众们提出了三个问题，目的是引发听众思考，激发听众兴趣。紧接着在演讲主体内容中，演讲者对问题进行了一一解答，同时也指出“我的偶像，叫邓稼先。”

在演讲稿的主体部分，演讲者主要采用了列数字以及对比、排比等写作手法。在演讲稿中列数字和对比是重要的写作手法。数字可以让我们的描述更具体，突出细节，从而产生情感的震撼。例如，在这篇演讲稿中，“作为中国第一颗原子弹和第一颗氢弹的理论设计的总负责人，他一共获得了国家奖金特别奖 20 元，其中原子弹 10 元，氢弹 10 元。”通过采用数字的描述，听众感受到邓稼先为了祖国核事业奉献一生，他得到的奖励只有 20 元，而且是“国家特别奖奖金”，和现在我们的生活水平相比，当时的 20 元更多的是一种荣誉。听众通过数字的今昔对比，强烈地感受到邓稼先为祖国的核事业甘愿奉献、不图回报的高尚精神品质，这也是他成为我们偶像的原因。“难以想象核辐射的后果是，止疼用的杜冷丁从一天一针变成一个小时一针。”这里也用到了数字和对比，通过数字的变化，我们明显感受到这位科学巨匠在病榻上与病魔作斗争时的痛苦。通过演讲者的讲述，听众与之共情，听众的面部表情变化也说明，演讲达到了使听众感同身受的效果。这篇演讲稿的特殊之处还在于，它没有惊心动魄的故事，也没有列举邓稼先的生平，只截取了邓稼先一生中很微小的侧面点滴来叙述，却折射出邓稼先宝贵的爱国主义和奉献精神品质，这是注重细节的力量。

演讲的过程其实是一个情感抒发的过程，演讲者的情感需要用语言来表现，情感的高潮也需要用语言来烘托。这就要用到排比的修辞手法，或者用句式相同的句子，来进一步将情感抒发出来。在梁植的这篇演讲稿中，用了“难以想象”“我没想过”“如果老邓还在”等排比句式，将演讲的情感逐渐推向高潮，许多听众在听到此处时都不禁潸然泪下，现场的两位导师也在此时按下面前的按钮表示“通过”。任何一次成功的演讲都应产生演讲者与听众达到共情高潮的效果，演讲者的情感应该是起伏变化、逐渐加强的。如果演讲者从头到尾在情感表达上没有任何波澜，无论演讲稿的内容多么丰富感人，演讲的效果都不尽如人意，无法调动听众的情感。因此，在演讲稿中利用排比句设置情感的高潮也是撰写演讲稿重要的写作方法。

演讲稿的结尾常常容易被忽视，有的演讲者对演讲稿的结尾总是草草了事，随便一句“我的演讲到此结束”，就匆匆结束了自己的演讲。演讲的结尾应该与演讲的开头同样重要，需要演讲者用心设计，否则整个演讲就会“虎头蛇尾”。这篇演讲稿，演讲时正好是中国第一颗原子弹爆炸成功50周年，也是邓稼先诞辰90周年，结尾再一次用数字引起观众的注意。最后落在“向老邓致敬”，并引申为“向每一位科技工作者致敬”，这种结尾往往具有一定的感召性和号召力，同时又意味深长，引发听众思考：还有多少科技工作者在为祖国默默奉献，他们身上又有着怎样不为人知的故事呢？

一篇立意新颖、主题突出、内容丰富的演讲稿不仅是演讲成功的前提，而且还能使演讲者在演讲时树立自信。

练一练

1. 你有特别擅长的生活技能吗？如做菜、做手工、整理收纳等，把你最擅长的技能现场教给老师和同学们吧！

2. 假如你非常想看最近要上映的一部电影，给你2分钟的时间来说服同学和你一起去看。

练一练答题指导

3. 学校主持团正在进行招募活动，请你准备一份申请加入主持团的演讲稿，时间为3分钟。要求：按照开头、正文(选择合适的组织顺序)、结尾的步骤来组织。

4. 分享一个在成长过程中让你感动、印象深刻、震撼、愤怒或有趣的故事。

任务三 即兴演讲

课程案例

马季是我国著名的相声演员，他的表演善于表现现实生活，因此受到很多人的喜爱。有次马季到湖北黄石市演出，在他表演之前，有位演员把黄石市说成了黄石县，这一错误，立刻引起听众哄堂大笑。在笑声中马季上台。

“今天，我们有幸来到黄石省演出……”这话可把哄笑中的听众弄糊涂了。正当大家窃窃私语，认为马季是不是糊涂了的时候，马季解释：“方才，我们这位演员把‘黄石市’说成了‘黄石县’，降了一级，我在这里当然要说成‘省’，给提上一级。这样，一降一提，就平啦！”现场爆发出热烈的掌声。

短短几句话，马季不仅帮上一位演员圆了场，还因为自己的机智幽默赢得了掌声。

想一想

如果你是马季，遇到这种问题，你会怎么即兴发挥来圆场呢？

提示解析

在演讲中，演讲者总是会遇到各种各样的突发状况，怎么去利用这些“状况”和“意外”，化被动为主动，是演讲者智慧的体现。因此即兴演讲能力是一种高级能力，好的“即兴”和“圆场”应该是充满智慧、一语双关的，让听众舒服的，它是智商和情商的集中体现。

课前练习

把下面几组词语快速组成一段话或一个故事：

(1) 校友、咖啡、奶茶、遭遇。

(2) 邯郸、李白、口才、学步桥。

(3) 外星人、狗、大海、电灯。

一、即兴演讲的特点

所谓即兴演讲，是在特定的情境和主体的诱发下，自发或被要求立即进行的当众说话，是一种不凭借文稿来表情达意的口语交际活动。演讲者事先并没有作任何准备，而是随想随说，有感而发。

1. 时间的紧迫性

从确定要即兴演讲到真正实施即兴演讲，演讲者往往只有几分钟甚至几秒钟的准备时间。如课堂提问、记者会提问、宴会祝酒词、婚贺丧吊等，演讲者要在短暂的时间里就地取材，开始即兴演讲。因此从时间准备上讲，即兴演讲的时间是紧迫的。

2. 情景的复杂性

即兴演讲的情景是多变的，甚至是不可预测也不可准备的。如你正在和他人相谈甚欢时突然被点名；你临近讲话前，发生了某些意外话题突然被改变；你刚到单位，被领导叫去汇报工作等。鲜明的现场感、情景的复杂性对演讲者应变能力的挑战也就更大，因此为了更好地应对百变复杂的情景，演讲者要对参加的活动有一个大致的心理预期，调整好自己的心态，用一颗平稳、有准备的心去应对。

3. 内容的精练性

由于即兴演讲是临时起兴，没有长时间的准备，因此在内容方面都讲究简短精练。例如，瞿秋白针对如何做好北伐战争宣传报道工作发表的即兴演讲只有 26 个字：“宣传关键是一个‘要’字，鲁智深三拳打死镇关西，拳拳打在要害上。”

二、即兴演讲对演讲者的要求

即兴演讲相较于一般演讲是一种高级的演讲，是最能反映演讲者修养和功底的，因为我们不知道自己接下来要面对什么样的场合，也不知道要面对什么样的人群，因此能完美地应对即兴演讲是非常难的。即兴演讲能力较强的人，能在错综复杂的场合泰然自若，侃侃而谈；在学习中，即兴演讲能力强的人总能收获鲜花和掌声；在职场上，具有较高即兴演讲能力的人更能发挥自我价值，取得事业上的成功。那么，演讲者需要具备哪些能力才能更好地进行即兴演讲呢？

1. 一定的知识广度

只有学识渊博的人才能在短暂的准备时间内从脑海中找到生动的例证和恰当的词汇，给即兴演讲增添魅力。这就要求演讲者不但具备一定的专业知识，还须了解一些日常生活知识，如风土人情、地理环境等；同时在生活中也要多学习新知识及新事物，将其纳入自己的知识体系；并通过持续学习、及时更新技能，跟上知识发展的步伐，学习各个不同领域的知识，开拓视野。

2. 一定的思想深度

人之所以为人，是因为有自己的思想主张，如果只是有广博的知识，却没有消化吸收，内化为自己的思想认知，那和机器人没有任何区别。因此要想就地取材，即兴发挥，就需要有透过现象看本质的分析能力。

2019 年中央电视台《主持人大赛》90 秒即兴演讲考核中，选手邹韵的考题题干是：76 岁大连退休老人刘增盛，为了不让工作负担很重的年轻人总给自己让座，在朋友的提议下，他挂了一块写着“勿需让座”的 LED 显示牌，一挂就是两年，问其原因，他说，现在年轻人也都不容易，他站着也没问题。他认为，陌生人之间更需要理解与包容。短短的 90 秒，邹韵不仅清晰地描述了这一事件，还在结尾处对社会现象做出了恰到好处的拔高与升华。下面是邹韵即兴演讲的部分内容：

“今天，我们要说的是一个人，一位老人，甚至有人管他叫作“硬核老头”……刘增盛老人给我们这些年轻人让座，这是一种情分；而我们这些晚辈，给像刘增盛这样的老人去让座，给他们更多的关注，是一种本分。也正是这种情分和本分的相互交融，让我们的社会得以发展。而更重要的是，他身上的那个红红的灯是我们给老人更多关注的一种提示。也正是老人对我们的心疼和关照使我们对于向真、向善、向美的生活有更好的期待和憧憬。”

在短短 90 秒的即兴演讲考核中，整场即兴演讲一气呵成，流畅自然且有深度。邹韵通过老人身上“勿需让座”的红色灯牌，分别引出了让座的本分和情分的论点，最后升华主题，呼吁向善、向真、向美的生活。

3. 较强的应变能力

即兴演讲中，由于演讲前无充分准备，在临场发挥过程中可能会面临各种各样的问题，因此演讲者要有较强的应变能力，沉着、冷静、机智地去应对纷杂的意外。曾有这样一个故事。

一位教授去某大学做演讲。同一时间在他的演讲会场对面有一场青年歌手大奖赛。走进会场，教授看到会场外面围了好多人，可是里面的座位还有不少是空的，面对这样的情景，能不能吸引住学生，把演讲顺利进行下去，是他目前的首要任务。于是他不得不随机应变说道：

“今天，我走进会场的时候，有一种感觉，那就是要特别感谢那些站在门口和走廊里的同学。因为他们在用肢体语言给我鼓励，宁愿站着，也要听我这老头子讲完。而且，他们是经过慎重选择的，在老头子的美和少男少女的美之间，他们选择了老头子的美，在说和唱之间，他们选择了说。因为他们相信，说的一定比唱得好听。”

他的话还没说完，全场就响起了热烈的掌声，甚至站在会场外面的学生也都进来了，他们已经迫不及待要听这位教授有趣的演讲了。

三、做好即兴演讲的技巧

1. 拥有良好的心态

当你准备开始演讲时，台下有学生晕倒了，你会怎么办？当你演讲到一半，现场停电了，你会怎么办？当你演讲还没结束，工作人员示意你时间马上就要到了，你会怎么办？可以说，在演讲过程中，尤其是即兴演讲，突发状况总是会让你意想不到，那么在这种情况下，良好的心态就是制胜法宝，要不断告诫自己：“我一定行，我一定会完成得很好，没有什么大不了……”

在调整心态时可“以熟克慌”，用自己熟悉的观点、经历等内容发表讲话，由于材料熟悉，自然也就不会那么紧张了；也可以“扬长制慌”，用自己最擅长的方式讲话，比如聊天式的讲话，或者提问式的讲话，只要认为舒服的讲话方式都可以采用；同时，在自己最了解的领域寻找发言材料，如讲历史、谈天文、引用名言警句或文学作品等。

2. 选准话题

即兴演讲由于没有现成的稿子，也来不及认真准备，全靠现场思考主题、组织语言和临场发挥，且“一言既出，驷马难追”，因此即兴演讲紧扣主题、选好切入点十分重要。有人说，恰当的话题是即兴演讲成功的一半。选择合适的话题，一般应遵循以下原则。

1) 话题取熟

即兴演讲最担心的就是没有话说，或说不下去，所以很多时候，我们可以把标准降低，能完整流畅地说下去就是胜利。那怎么保证自己在紧张的状态下也能顺利说下去呢？首先要选择自己熟悉的话题，比如一位厨师即使目不识丁，但谈起烹饪技术也能侃侃而谈；一位农民，谈起养田种植也能一针见血。这就是选择熟悉话题的魅力，熟悉的话题可以让我们放松，让我们高谈阔论，让我们看问题鞭辟入里、见微知著。

2) 话题惊众

选择话题不仅要考虑听众是否有兴趣、是否愿意听，还要考虑选择的话题是否新颖、有趣，若能有一语惊人或让听众眼前一亮的效果，那即兴演讲就很棒了。

总之，要把即兴演讲做好，重要的是明确自己的观点和态度，从实际出发，为发言寻找一个合适的切入点，同时讲话者也要善于捕捉时机，即兴发挥，使讲话内容妙趣横生。

3. 抓住话题实质并快速整合材料

材料的快速整合是体现即兴演讲能力的主要因素之一。它要求演讲者在极短的时间内解决好“说什么”和“怎样说”这两个问题。整合或组织材料的方式主要有以下几种。

1) 并列式

并列式指将总题分解成若干个分题，如《世界也有我们的一半》的即兴演讲中，谈了三个问题：一是女人没有获得自己的一半；二是女人本应有自己的一半；三是女人应争得自己的一半。这三个分题各自独立又互相联系，共同阐明了同一主题：世界也有我们的一半。这种材料的组合方式可使演讲条理井然，而且极有力量和气势。

2) 正反式

正反式指围绕题目要求，一方面从正面说明，一方面从反面说明。

如在《一个青年军人的思考》的演讲中，围绕我们应当自强不息这一主题，先列举一些反面事例，并进行分析、批评；然后以一名战士自学成才的事例为引子，从正面称赞青年军人自强不息的民族精神。正反对比，效果明显突出，引人深思。如即兴演讲以“中学生校服制”为主题的发言：

优势：可以实现规范管理，培养学生的平等意识。

劣势：校服设计普遍水平较低，不能体现中学生朝气蓬勃的青春之美等。

3) 递进式

递进式指围绕所要说明或论述的问题，先说明为什么，继而谈怎样做。

如在《在失败面前挺起胸膛》演讲中，围绕中心谈了两个问题：一是自己为什么能在失败中崛起；二是自己是怎样从失败中崛起的。再如，《公益捐赠分配问题》的即兴演讲谈了三个问题：一是目前公益捐赠存在哪些问题；二是为什么会出现这些问题，问题的根源在哪里；三是如何解决这个问题，比如责任到人，或者建立完善的监督体系等。

4) 过去—现在—将来式

在不知道如何组织自己的演讲内容时，可采用“过去—现在—将来”这种模式来组织材料，这无疑也是一种高效的即兴演讲结构。如一位妈妈对女儿考上大学的发言：

过去：回顾孩子儿时的可爱，以及孩子所做的努力。

现在：赞美孩子目前取得的成绩。

将来：对孩子未来抱以的希望和祝福。

5) 设计开场白与结束语

中央电视台的《中国诗词大会》自节目开播以来，每季都能掀起一波收视热潮。每期节目开始前主持人的开场白也争相为大家所赞赏。如第一季第一场的开场白：

“‘天生我材必有用，千金散尽还复来。’一千两百多年前的诗句，今天读来，依然让人血脉偾张。诗人如椽巨笔下喷涌而出的跌宕起伏的情感，让我们感受到震动古今的气势与力量。这就是中国古诗词的魅力。

从今天开始，我们将和大家一起展开一场诗词之旅，去重温那些历久弥新的经典诗句。我想这样的温故知新，可以拂去我们记忆上的灰尘，而古代文人的情怀和智慧，也同样能点亮我们今天的生活。

人生自有诗意，来吧，一起加入我们的诗词狂欢！”

同样的，准备一个精彩的结束语也会让演讲更加完整，甚至脱颖而出。

如中央电视台推出的大型文化情感类节目《朗读者（第一季）》第一期的主题是“遇见”，在节目末尾，主持人的结束语是这样的：

“今天是《朗读者》第一次和大家的遇见，也希望从今往后能够遇见无声的文字，遇见有声的倾诉，遇见一花一叶，遇见大千世界。”

练一练

1. 课堂练习即兴演讲“接龙”游戏。

先由一个学生开始讲故事，然后再由其他人继续接下去。如第一个学生可以这样说：“记得有一次，我练习科目二到很晚，走在一条乡间小道，路很黑，这时有一辆车跟在我后面，拿大灯照着我，我让道，它也不走，就这样一直跟着，我很害怕……”接下去由第二个学生继续把故事讲下去……

练一练答题指导

2. 以“百善孝为先”为主题进行即兴演讲练习。参考材料组织方式：并列式、正反式、递进式、过去—现在—将来式。

任务四 掌握演讲的态势语言

课程案例

在某历史博物馆的展厅里，一台高度仿真的智能机器人正在为游客讲解一件重要文物。智能机器人有着与真人无异的容貌和举止，甚至连微笑时眼角的细纹都栩栩如生。然而，它讲述的并非文物本身的年代与工艺，而是背后那位历史人物跌宕起伏的一生——故事本身足够生动，它用温和的语调将往事娓娓道来，仿佛一位穿越时光的见证者。但奇怪的是，尽管它的声音清晰悦耳，周围的游客却反应冷淡。有人瞥了一眼便匆匆走过；有人驻足片刻，目光却始终游离在展柜与手机屏幕之间；甚至没等故事讲完，人群就像退潮般悄然散去，只留下机器人独自站在光影交错的展厅里，保持着程式化的微笑。

在爱国主义党史教育基地坡子峪村，有一位年过七旬的退休干部，多年来坚持义务为前来中国人民抗日军政大学（简称抗大）旧址参观学习的党员群众讲解。他声音沙哑，身形瘦削，却精神矍铄，穿梭在抗大卫生所、司法科等旧址之间，将当年抗大师生在坡子峪村与日军周旋的峥嵘岁月娓娓道来。尽管年事已高，这位老党员讲解时却激情澎湃——他时而眉头紧锁，用铿锵的语调重现惊心动魄的战斗场景，引得听众扼腕叹息；时而又眉眼舒展，以幽默的细节还原抗大师生乐观坚韧的精神，逗得大家开怀大笑。他的讲述声情并茂，配合生动的手势，仿佛把人们带回了那段烽火连天的岁月，现场掌声不断。更令人动容的是，即便在35℃的高温下，烈日灼人，听众们仍不愿离去。这位义务讲解员似乎有一种特殊的魅力，让那段厚重的历史变得鲜活可感，吸引着人们驻足聆听，在汗水中感受信仰的力量。

想一想

同样是讲述故事，智能机器人讲解和七旬老翁讲解有何不同？这位老年义务讲解员吸引游客的地方表现在哪里？

提示解析

本案例中，尽管智能机器人的讲解内容非常翔实，但是缺乏与游客的交流，无法接受游客的各种信息反馈，无法调动游客情感，调节游客情绪，交流的效果比较差。七旬老翁讲解时，充分地利用语音、语调、态势语言与现场游客进行情感交流互动，讲解效果较好。这两种不同的讲解效果表明，无论在哪种场合演讲，都是一种语言交流，交流应该是双向的，演讲者要通过语音、语调、表情、眼神和必要的肢体动作来传达信息和情感；听众在听到演讲内容时，也会有眼神、表情、动作等相应的反馈，从而与演讲者产生交流互动，这样才能达到较好的演讲效果。

课前练习

请同学们听一段录音，根据录音内容，试着做出相应的动作 (态势语言)。

演讲除了“讲”以外，还有一部分“演”的成分，而“演”主要体现为声音的情感表现及对态势语言的把握和运用。在一场演讲中，若只有丰富而深刻的演讲内容，而没有情感渲染和适当的态势语言表达，就会拉开演讲者与听众的距离。就像人工智能可以模仿人的声音，但是无论它如何模仿，总是给人一种距离感，我们的耳朵总是可以分辨出来。原因就在于人工智能模仿缺乏“演”的成分，无论是在声音的情感色彩方面，还是在动作、神态方面，人工智能都不能取代演讲者倾注感情的演讲。

一、演讲中态势语言的含义

演讲的态势语言是演讲者在演讲过程中借助身体形态、手势动作、眼神表情等来传达信息、表情达意的特殊语言，也称为无声语言或肢体语言。它不仅仅包括一般意义上的手势动作，也包含容易被演讲者忽略的表情、眼神等。

二、演讲中态势语言的作用

态势语言作为演讲中沟通交流的工具，在演讲中起到进一步强调演讲内容、补充和丰富情感、替代有声语言和增强美感的作用。当演讲者站在台前开始演讲时，如果僵立原地，面无表情，同时又滔滔不绝地讲述，一定会使听众顿感乏味，即使所讲内容新颖，也很难与听众形成共鸣。优秀的演讲者会利用态势语言增加自己演讲的魅力。态势语言可以传递更多信息来表达思想；可以沟通心灵，表达情感，引起听众的共鸣；还可以增强动态视觉感受，避免枯燥乏味，树立演讲者的直观形象。因此，演讲者演讲时一定要注意自己的“言谈举止”，不仅要讲，还须配合恰当的态势语言来“演”，这样才能体现出演讲者的风度和仪态，增强演讲的整体效果。

三、演讲中态势语言运用的原则

在各种演讲比赛现场，经常能够看到演讲者态势语言使用不当的表现。有的演讲者像一座雕像，自始至终没有做任何动作；有的演讲者像一条在舞台上游走的鱼儿，不停地走来走去；有的演讲者像一只招财猫，不停地重复同一个动作；有的演讲者随意地挥手，看起来有些滑稽。这些都是态势语言使用不当的表现，充分暴露出演讲者准备不充分，或者心理紧张的问题。演讲中，态势语言的运用应该遵循一定的原则。

首先，态势语言运用要有目的性。演讲时做任何一个动作都要有目的性，否则就会变成随意的动作，不能有效传达信息和情感。例如，“我们只要拧成一股绳，心往一处想，力往一处使，就能够取得最终的胜利！”如果演讲者随意挥手，而不是握紧拳头在胸前发力，就不能表达出演讲者取得胜利的决心和信心。

其次，态势语言运用要准确到位。有些演讲者不好意思使用态势语言，于是做动作不到位，似做似不做，导致动作变形，不能精确地传达要表达的意思。

第三，态势语言运用要自然。有不少演讲者认为态势语言需要设计，既然是设计就应该一板一眼，因此做出的动作比较僵硬，缺乏活泼感，会给人一种做作的感觉。态势语言使用的最好状态应是自然到位。

第四，态势语言运用要适度。一个 3 ～ 5 分钟的演讲应该设计使用 3 ～ 5 处态势语言动作。态势语言使用要适度，不能太多也不能太少，太多容易削弱听众的注意力，使演讲变得花哨；太少则会使演讲显得呆板、不自然，尤其是从头到尾不做任何态势语言动作，在情感表达方面就会感觉欠缺很多。

第五，态势语言运用还应该有自己的个性。做到这一点比较难，该原则更适合经常参加演讲的人，通过多次演讲逐渐形成自己的风格，在态势语言的使用上也会打上个人风格的烙印。

四、演讲中态势语言的使用技巧

在演讲中态势语言的使用不仅仅包括动作、眼神和表情，还应包括身体的形态，也叫作仪态。仪态又分为仪容和仪表、站姿和移动两个方面。

（一）仪态

1. 仪容和仪表

在演讲中，赏心悦目的形象不仅能带给听众美的视觉享受，还能在比赛中为评委留下良好的第一印象，从而增强演讲的感染力与表现力。

1）仪容

在仪容方面，男士、女士都要面部干净、发型利落。女士可画淡妆，女士的妆面应选择亚光质地的彩妆，使用的颜色不可以太过夸张，不要使用太过亮闪的眼影，整体造型应接近日常妆。曾经有演讲者在演讲时因为妆面过于浓重，破坏了演讲的整体风格，致使演讲的效果不佳。

2）仪表

仪表首先要注意服饰，服饰包括服装和饰品。服饰本身是一门艺术，也是一种文化及一种无声的语言，更是展示个人形象的重要窗口。服饰在演讲 (交际) 场合所传递的信息，能显示人的职业、爱好、社会地位、性情气质、文化修养、信仰观念、风俗习惯等。服饰就像一幅广告，可以通过穿衣打扮了解一个人，也可以让他人通过服饰了解自己。

演讲时选择合适的服饰应该遵循以下原则：

(1) 整洁是选择服饰最基本的原则。一个穿着整洁的人，在与人交往中能够给人积极向上的感觉，并传达出对交往对象的尊重之意。在演讲这样的重要场合，演讲服装首先要干净整洁，不能出现衣服褶皱、污渍染色等情况。有些表演艺术家，在登台前穿好演出服后，甚至都不再坐下，以免弄皱衣物影响演出效果。

(2) 根据演讲内容保持服饰穿搭的个性。由于每个人在年龄、性格、职业、文化素养等方面有所差异，因此选择适合自己的服饰，凸显自己最美好的一面，才能彰显个人的独特风采。就像作家三毛说的那样：“因为我从来不赶时髦，所以我永远都是最时髦的。”演讲者留给他人的第一印象，往往是从服饰塑造的形象开始的，因此找到属于自己的风格且张扬个性的服饰至关重要。一般来说，在服饰选择上，青年人要张扬青春风采，体现自然美、个性美；中年人要展现成熟风韵，以高雅的气质体现沉稳、俊逸之美；老年人要突出深沉理性，体现睿智、淡定之美。

服装搭配技巧

(3) 服饰搭配应保持和谐。选择服饰不仅要与自身的体型相协调，还要与年龄、肤色相搭配，使之能够衬托出演讲者的身材，同时凸显服饰的神韵，给人以和谐之美。在演讲这种正式场合，男士一般可选择中、高档次的中山装或西装，给人以庄重、挺拔、大方之感；女士既可着深色制服、套装，也可着旗袍，以曲线展现典雅和柔美。在服装颜色选择方面，肤色黑的人不要选择颜色过于鲜亮的颜色，如红、黄、绿、紫、粉红、荧光等颜色，这些颜色不但不会增加皮肤的亮度，反而会把人的眼球集中在衣服上，使皮肤显得更黑，因此可适当穿一些冷色调的衣服。在服饰搭配上，可以通过色彩的互相对比或衬托，来加强服装的美感，如黑色套装配上白色衬衣，深色上装配浅色裤子；也可以在统一完美的主色调基础上，加上非常醒目的小块颜色作点缀，使之起到画龙点睛的作用。如身穿一身黑色或白色衣裙的女性演讲者，胸前装束一朵红色小花，腰部系一条红色腰带，这种服饰的点缀，就显得十分雅丽。服饰搭配时应注意，无论男士还是女士，整体服装的颜色不宜超过三种，否则就会破坏整体的美感，让人产生凌乱、花哨的感觉。

2. 站姿和移动

站要站得稳健，有昂扬的气势，伟岸而挺拔；头部抬起，双目平视听众，双肩下沉外展，肩胛骨的肌肉收紧；挺胸、收腹、提臀、双手自然下垂，或双手交叉相握，放于体前下腹部或上腹部。女士可以站成小“丁”字步，男士可以选择“V”字步。体态挺拔自然，演讲时面带微笑，富有朝气。

演讲上台时的走姿也需要注意。良好的步态应该是矫健自如、轻快自然的。走时身姿要端正，昂首挺胸，肩放松，两眼平视，自然摆臂，步伐要稳健，步幅适中，速度恰当，这也是镇定和自信的表现。

有时，演讲可能会采用坐姿。坐时应落座轻缓，起坐稳重。正确的坐姿是头端正，腰背挺直，不能靠在椅背上，肩放松，手自然放置在桌子上，男士双腿微微分开，女士双膝并拢。

（二）手势动作

态势语言的手势动作主要体现在手臂、双手和手指的活动。

手臂动作影响的范围较大，容易引起听众的注意。在情感表达上可以分为三类。第一类是在肩部以上做动作。手臂在这一区域活动，主要表示坚定的信念、殷切的希望、美好的憧憬等情感。例如“为了营造家乡的绿水青山，让我们共同努力，用我们的双手建设好、保护好元宝山的环境吧！”一般会双手举过头顶做动作。第二类是在肩部至腹部这一区域做动作。手臂在这一区域活动，主要表示叙述事物、说明事理。例如“今天我代表大华公司欢迎大家的到来。”此时双手展开在前胸处做动作。第三类是在腹部以下做动作。手臂在这一区域活动，主要表示憎恶、鄙夷、不屑、厌烦等感情。例如：(面对对方的挑衅和欺辱)“我再说一遍，请你道歉！”双手紧握拳头，下垂置于身体两侧。

在演讲中，手势动作的使用还体现在双手的手势上。结合手臂动作，手臂抬高至肩部以上，手心向上或斜前方，可以体现激越、大声疾呼、发出号召、对未来的憧憬和希望等情感；手心向上，手臂居于胸腹之间，表示在叙述事实、说明情况，或表示请求、欢迎、承认，摊开两手手掌表示没有、无可奈何等情感；两手由合而分，多表示空虚、失望、分散、消极无奈的情感；两手由分而合，多表示亲密、联合、和好、团结的意思。

两只手共同做动作往往对称、美观，也可以单手做动作，如单手掌劈、砍、顶表示下定决心、充满力量、具有宏伟气魄等。

手部动作还有一种常见的用法就是拳头的使用。拳头位于身体上部时，表达誓死捍卫、决心、团结、奋斗的情感；拳头握紧放在身体中下部时，传达出怒火燃烧而又强忍或警告、威胁的意思。

最后一种手部动作是对手指的运用。不要忽视手指的使用，手指的动作有时会起到意想不到的效果。手指的使用一般遵从社会约定俗成的意义，例如大拇指伸出表示赞颂、崇敬、钦佩、夸奖、第一的意思；食指伸出表示指点事物的数目和方向，也可以表示批评、指责、命令等；小拇指伸出表示卑下、低劣、无足轻重的意思。

使用手部动作时，要根据具体表达的内容和情感灵活选用，但是运用时应提前设计，使之自然协调，整体动作不宜过大。

（三）表情

人的面部表情主要由眼眉、眼神、嘴唇、脸色等整体构成，表情的综合运用体现了演讲的整体感情基调。演讲者应根据演讲内容合理运用表情，例如演讲是有关抗震救灾，体现广大人民群众共同展开自救，展现英雄救人事迹，向英雄致敬的内容，那么在态势语言表情的使用上就要体现出凝重、沉痛、希望等情感，而且这种情感是随着演讲内容的变化而变化的。有些演讲者以历史英雄人物为主要演讲内容，但在面对演讲稿中充满感情的描述时，却讲得云淡风轻，脸上的表情没有丝毫变化，只是一味陈述事实，这样缺乏表情的演讲显然是失败的。运用态势语言的目的是更好地传达演讲者的情感，无论演讲稿的内容和情感如何丰富，都需要演讲者通过演讲的有声语言和无声语言准确无误地传达出来。

表情运用要特别注意使用微笑，微笑是演讲者最常使用的一种表情。微笑能使人感受到轻松友好，拉近演讲者与听众的距离，但是微笑也是演讲者最难使用的表情。因为大部分演讲者在演讲时总是或多或少会感到紧张，所以微笑的表情会变得僵硬不自然，或者干脆笑不出来，甚至因为紧张致使面部抽搐，嘴唇打颤，面色苍白，使整个面部表情失去传达情感的作用和意义。

（四）眼神

演讲中还要注意使用眼神。眼神的运用要点主要包括注视时间、注视部位、注视方式。演讲时，演讲者应与听众有一定时间的目光交流，要注视听众的面部表情变化，注视时要尽量平视听众。有很多演讲者在演讲时因为太过紧张而不敢与听众对视，总是把目光注视在天花板上，或者眼神涣散不敢聚焦，这样就失去了与听众的沟通交流，因为眼睛是心灵的窗户，演讲者在演讲时听众是什么反应，演讲者是通过与听众的眼神交流而感知的，如果演讲者不敢与听众对视，那么他肯定对自己的演讲效果无从察觉。

演讲是一项综合技能，演讲时不仅需要演讲者用有声语言表情达意，还需要灵活使用态势语言为演讲增添演讲效果。

练一练

1. 演讲流程及态势语言运用练习。

演讲过程分六步：起身站立—走上讲台—标准站姿—开口讲话—表示谢意—下台。

练一练答题指导

老师们、同学们：大家好！（敬礼）今天我演讲的题目是《青春·使命·中国梦》。我的演讲完毕，谢谢大家！（敬礼）

2. 给下面一段话设计讲话时的态势语言。

历史上真正成就伟大事业的人，都把祖国的命运与自己的命运紧密联系在一起，在他们的胸怀里，始终跳动着一颗追求至真、至善、至美的爱国之心。

3. 请结合自己的演讲稿内容，为自己选择演讲时的服装，并设计演讲时的态势语言。

任务五 演讲过程中学会应变与控场

课程案例

某大学生小川，在英语课上需要做一次口语演讲。这是他第一次在全班同学面前进行演讲，他非常紧张和焦虑。

当小川站在讲台上时，他感到自己的心脏怦怦直跳，手心冒汗，呼吸变得急促。尽管小川课下做了准备，并对他要演讲的话题进行了研究和梳理，但当他要上台演讲时，依然会感到自己的思维变得很混乱，而且难以集中注意力。演讲开始时，他的声音略显颤抖，脸颊变红，讲话吐字不清，内心害怕犯错或被同学们笑话。

随着演讲时间的不断流逝，小川开始急于结束，但是他知道自己还没有详细表达自己想要传达的内容，他也担心听众无法理解他的意思。

最终，小川终于勉强完成了这次口语演讲，他对自己的表现感到很失望，认为自己没有充分发挥自己的才能。

想一想

1. 大学生小川的问题主要出在哪里？
2. 你是否有过类似的经历？

提示解析

这样的经历你是不是觉得特别熟悉？案例展示了大学生小川在班级中进行公开演讲时面临的紧张情绪。尽管他做了充分准备，但紧张情绪还是使他感到困扰，并对他的表现产生了消极影响，这也说明了在进行公众演讲时应对和克服紧张情绪的重要性。人们往往越是紧张，越是很难控场，因此可以通过训练、练习和积极的心理调节来提高自信心和应对能力。

课前练习

活动名称：妙语生花 - 应变与控场的奇妙之旅。

活动内容：教师准备若干词语卡片。学生分组后，各小组队长随机抽取 3 张卡片，卡片上共有 3 个词语。

活动要求：每个小组有 10 分钟的准备时间；准备完毕后，每个小组推选一名同学围绕这3个词语上台讲故事，要求故事逻辑清晰、语言流畅，且兼具趣味性与深度；每位同学讲述结束后，教师将从应变能力、控场能力、语言表达和逻辑组织等方面进行简要点评，指出其优点与不足，同时给予鼓励并提出建议。

活动目标：通过将3个完全不相关的词语串成一个故事，锻炼学生的应变能力、思维敏捷性以及控场能力，同时提升其语言表达和逻辑组织能力。

小组讨论是一种很好的“破冰”方式，可以帮助小组成员之间建立联系和相互了解，消除陌生感，增强团队合作意识。这个练习可以提升学生的思维敏捷能力，并培养学生应对紧张情况时的应变能力，练习过程中不要担心故事的完美度，重要的是保持语言的连贯和流畅，同时要观察听众的表情变化，以此来判断自己所讲的内容是否能抓住听众的心。

一、紧张和怯场的应对方式

演讲者最常问的问题是，演讲时紧张怎么办?

很多人当众演讲都会有不同程度的紧张，紧张是每个演讲者都有过的体验，有些演讲者紧张时，会出现一些生理反应，如嗓子发紧、口干、呼吸紧促、脸红、出汗、心跳加速、脸发热或发冷，有些更严重的会出现抽搐、膝盖发抖、恶心、肚子疼等反应。即便是世界级的企业家、演说家、政治家都经历过这种情绪的煎熬。紧张感不会一直持续，一般会达到一个波峰后开始回落，所以掌握紧张规律，带着些许紧张感的当众发言会促使你更加投入地发挥出最佳状态，但过度紧张会成为演讲顺利进行的绊脚石。

1. 演讲前做好充分准备和练习

演讲者在做准备和练习时，一定要先想清楚：此次演讲的主题、对象、目的以及要传达的重要信息，然后根据这些去准备相应的演讲内容。同时，再加以自身的练习，熟读演讲稿，选择自己善用的语言表达方式把演讲内容表述出来，充分掌握呼吸节奏和发声技巧，让演讲更加流畅。一定要开口练，对着镜子、拍成视频都可以帮助自己一边练习一边完善。充分的准备和练习是为了让你上场前做到胸有成竹，从而表现得得心应手，从容不迫。

2. 适应不同的环境和听众

很大一部分演讲怯场源于对环境不熟悉而产生的不安全感和面对陌生听众而产生的紧张感。如果条件允许，演讲者可以提前抵达演讲现场，适应一下演讲的环境，分别在讲台位、投影位或听众席的空间布局相对位置亲自感受一下，也可以将要用到的演讲资料提前播放，预演一下。如果时间充裕，还可以在台下和听众做一些简单的交流，拉近与听众的关系，俗称“热场”，这样有助于缓解演讲者的紧张怯场情绪。

在演讲过程中，听众的反应或听众和演讲者的关联都会影响演讲者的紧张程度。演讲者登台后先扫视全场，与听众多做些眼神的交流，寻找演讲中的支持者，这类人可能是你的熟人，也可能是在认真听你讲话的人，你会从他们坚定的眼神中慢慢使情绪平稳。

3. 做好心理调节

多数演讲者在演讲时心里都会出现担心讲不好，或者害怕讲完了被人笑、过程中出丑、最后得不到大家的肯定等情况，从演讲心理学来看，这是因为演讲者陷入了索取的心态，他们上台演讲希望获得别人的认同，一旦听众没有给予他们肯定和赞美的反馈，演讲者就会陷入紧张和恐惧情绪中。如果演讲者转变心态，把“索取之心”转变为“给予之心”，以一种平和的心态把演讲内容分享给听众，让自己的演讲内容可以激励大家、感召大家、帮助大家，那么紧张感就会减轻很多。

二、忘词或说错话的处理方法

（一）演讲中突发状况——忘词

在演讲过程中，经常会出现思维突然中断，大脑一片空白的忘词现象。忘词是演讲时最常见，也是最糟糕的问题，针对这一问题，给大家总结几点应对技巧。

1. 主动提问

演讲过程中突然忘词，可以向听众提出问题，增加与听众的互动，尽量为自己赢得思考与回忆的时间，这样做同时也活跃了现场的气氛。例如，某次演讲的主题是大学生创业，演讲过程中突然忘词，这时可以停顿 2~3 秒，问：“越来越多的大学生开始创业，但是也有很多人反对，关于大学生是否应该创业，我想听听现场各位朋友 / 同学的想法。”如果现场没有听众来谈自己的想法，那么可以直接随意点几位听众说一下，这样做既不冷场，又肯定了听众的功劳，使听众有参与感，可以说是锦上添花。

2. 跳跃衔接

因为紧张而忘词很正常，当演讲者出现忘词时，并不是把后面的内容全部忘却了，而仅是把下一句或下一段给忘记了。这时就从记得最清楚的地方接着讲下去，即跳跃衔接，记起哪里讲哪里。用这种方法虽然漏讲几句，甚至一个段落，但演讲不会因为中断而破坏了整体气氛，中断不仅会涣散听众的注意力，而且还影响了整个演讲的效果。

3. 幽默互动

当演讲者实在想不起要说什么的时候，可以用一句轻松幽默的话语来化解。例如：“今天看到现场的朋友 / 同学们，我的心情有点兴奋，大家能否为我来点热烈的掌声。”巧妙地应用轻松幽默的话术，不仅可以化解忘词的尴尬，还可以获得听众的喜欢，把小意外转变为出彩的大机会，这也是一个人成长路上的收获。

（二）演讲中突发状况——说错话

演讲过程中说错话是常见的突发情况。正所谓“人非圣贤，孰能无过”，即使是一些演讲大咖在台上也会出现口误，所以出现口误后，不要急于道歉，而是迅速评估这个口误造成的负面影响有多大。针对影响的大小，给大家分享两种处理方法。

1. 直接跳过

如果是一个较小的错误，比如这个错误对于接下来要讲的内容没有实质性影响，那么就当作没发生过，可直接跳过错误，继续讲后面的内容。这种所谓的出错，对于演讲者本人来说，只是实际讲的内容和计划讲的内容稍不一样，其实听众根本没听出来，所以这时要让听众的注意力聚焦在你讲述的内容上，而不是在口误上。

2. 承认错误并改正

如果是比较明显的错误，比如将“是”说成“不是”，“有”说成“无”，或是把重要人物的姓名或重要的时间说错了等，对于这些会影响后面讲述内容的口误，演讲者就需要坦然承认自己说错了，然后立即改正过来。这时演讲者可以巧妙运用自嘲的方法，陈述当下的紧张状态，来缓解自己的尴尬。例如，“我在后台候场时，旁边的朋友一直让我别紧张，可越是这样，我就越是紧张。刚才上场做自我介绍时，差点说成‘大家好，我叫不紧张。’”还可以运用诡辩的方法，这里的“诡辩”是中性词，意思是把无意中说错的内容变成好像是故意说错的，试图把话圆回来。例如：“你们知道我为什么会讲错了吗？其实我是故意的，我是想考验大家有没有认真聆听。看来大家都听得很认真，给认真的自己一点掌声吧！”然后更正说错的内容。

三、突发事件的应对技巧

尽管演讲者在正式演讲前会做各种准备，但是在演讲开始后仍会不可避免地遇到各种障碍、干扰。具体表现为演讲者主观方面的恐惧、紧张、不适等，或是客观的意外状况、听众干扰等，这就要求演讲者提高自身的心理承受力，并在关键时刻能够采取应急措施及时调控。

演讲中遭遇障碍的状况多种多样且通常具有变化性，诸如怯场、忘词、讲错或超时等，抑或是环境过于拥挤、PPT 播放出问题、话筒出现故障等，这些情况一旦发生，演讲者接下来就很有可能面临听众的骚动不安、喧哗、起哄等状况，听众的这些反应往往会加剧现场的不和谐性，也容易滋生矛盾和冲突。倘若演讲者在众目睽睽之下不能随机应变并及时进行妥善处理，那么就会使组织者、听众、演讲者都陷入尴尬的境地，从而不好收场。演讲者要做到处乱不惊、反应自如并不是朝夕之间就能够实现的，这需要演讲者多次进行演讲实践并不断总结经验教训。演讲时，遇到突发事件可以有以下四种应对方法。

1. 保持冷静

突发事件经常会让演讲者感到惊恐、紧张或困惑，这时候最重要的是保持冷静。通过深呼吸或闭目静思等方式放松心态，让自己尽快地回归到正常状态。

2. 与听众进行沟通

当遇到突发状况时，演讲者应及时与听众进行沟通，告诉他们问题所在，或是提醒他们遵守安全规则等。这样不仅可以增强相互之间的信任感，也可以提醒听众注意力回归，继续关注演讲的主题。

3. 处理突发事件

处理突发事件是保证演讲继续进行的关键因素。演讲者应该事先制订好应急计划，包括疏散路线、医疗救护措施等等。当发生突发事件时，演讲者应该立即根据应急计划采取相应措施。

4. 保持演讲的连贯性

在处理完突发事件后，演讲者要保持清晰的头脑，及时为自己的演讲定位，快速回归到自己的演讲思路中。

四、对听众不同情绪（调动情绪、唱反调、冷场）的应对技巧

成功演讲的过程，就是吸引人、感动人、说服人的过程。演讲者必须以诚实自然的态度、通俗简明的语言来吸引听众、感动听众。最容易被记住的演讲中，演讲者往往都会充分调动听众情绪，用真情打动听众，使之成为深入人心的演讲。

1. 在场内调动听众情绪的方法

(1) 代入个人真实的感受。好的演讲者都能够说出真实的想法和情感，在台上讲述个人的故事来打动听众，引起听众的共鸣。只有代入真实的感受，流露个人的真情实感，演讲才具有打动人心的力量，听众才能感受到演讲者的真实性、亲和力和勇气。恰如其分的表达，能更好地连接听众的各种情绪，让听众重新审视人与人之间的关系，从而更加关注身边的人，更好地体察人们的情感和需求，进入更深层次的思考中。

(2) 充分激发听众的“想象”。启发听众最有效的方法之一，就是促使他们进行深刻的自我反省与想象。有一个神奇的词能触发大脑的联想，它可让所有的事情呈现画面感，这个词语就是“想象”。运用听众的想象力，能调动听众的思维，使听众的思想和情绪与演讲者产生互动。例如，演讲者可以这么说：“想象一下，你坐在钢琴前，满怀热情地把手放在琴键上。”此时语言会产生一种引导的力量，使听众在思想和情感上与演讲者同步。

2. 应对唱反调听众的技巧

在演讲过程中，可能会出现一些尴尬的情况，比如冷场或听众唱反调，这会对演讲的效果造成负面影响。出现这样的局面，演讲者应该如何应对呢？

(1) 保持良好的心态，不要让自己的情绪受较大影响，切不可过度敏感，对待分歧应持欢迎的态度，要感谢他人有不同的观点。

(2) 尽量以幽默、轻松的方式来应对听众的不屑一顾，反而可以赢得掌声和支持。

(3) 对他人提出的问题，可由其他听众来进行回答，或问问大家同意不同意他的意

见，有没有不同的看法，可通过适当、巧妙地转移“对立面”来应对。

(4) 必要时要用强有力的论据阐述自己的观点，可采用自己的经验和故事表达观点，并与听众进行交流，听取听众的意见，得到大部分听众的认可，以防负面情绪影响其他听众。

3. 应对冷场的方法

(1) 改变自己的语气节奏，让自己的声音更加振奋，尽量多说听众关注的话题，学会适时地赞美听众，拉近与听众的心理距离，求得共鸣和好感。

(2) 通过气氛的调节来拉回听众的注意力，切换一种更生动、直观、有趣的讲述形式，如采取幽默话语、放映图像或播放音乐等，来吸引听众的注意力。

(3) 积极地向听众提出富有针对性和启发性的问题，搭建与听众互动的平台，提升听众参与演讲活动的热情，让冷场转变为活跃现场。

五、应对听众提问的方法

在演讲中应对听众的提问是演讲者与听众之间的互动过程，也是演讲者展示自己能力的一次机会。提问环节的设定更考验演讲者的知识水平、理解能力、逻辑思考能力、沟通能力和应变能力，它体现了一个演讲者的综合素养。很多人在演讲时挥洒自如，但一到提问环节就不知所措了，甚至由于没有很好地处理和应对提问，因此没有达到预期效果，使自己的形象受损。在演讲中应对听众提问环节的主要方法有以下三种。

1. 注意听取问题

在听众提出问题时，演讲者要坦诚面对听众的提问，仔细地聆听问题并确保自己理解了问题的实质，并把听众提的问题重复叙述一遍，这样不但可以确定自己对问题的理解，而且也可以给自己争取时间来组织语言。

2. 准确回答问题

回答问题时，演讲者首先要对提出问题的听众保持礼貌和尊重，不要失去耐心或者发脾气，否则可能会破坏与听众之间的关系；然后，认真思考后准确回答问题，避免回答与问题不相关的内容；最后，回答问题要简洁明了，确保演讲者的回答能够让听众易于理解。

3. 必要时推迟回答

对于不知道如何回答的问题，演讲者不要轻易做出回答，因为一个错误或不正确的回答可能会给听众对演讲者的信任度造成负面影响。在这种情况下，演讲者可以先明确地告诉听众：“您提这个问题的角度很新颖，为了不耽误大家的时间，我们可以会后一起讨论。”也可以诚恳地说：“这个问题我觉得非常重要，我暂时还没有研究到，等我查阅资料后给你们回复，好吗？”并承诺随后进行调查并回复听众。

练一练

准备一篇新时代青年的榜样故事，并把故事讲给大家听。在讲故事的过程中，要注意自己的语言表达，同时观察自己是否会遇到突发状况，并给大家分享你在演讲过程中处理突发事件的经验。

练一练答题指导

项目五　职场应用——求职面试口才

知识目标

(1) 理解求职面试的本质。
(2) 了解求职面试的语言要求。
(3) 掌握求职面试交谈的要点和语言表达技巧。
(4) 掌握求职面试的无声语言。

技能目标

在求职面试中，对面试官的提问应答及时、流利，没有明显的失误，同时举止得体。

情感目标

(1) 培养良好的求职心态，树立正确的择业观和就业观；在求职面试中，要树立和展现正确且积极的世界观、人生观和价值观。

(2) 懂得感恩，即使面试没有成功，也要对用人单位心存感激，毕竟用人单位为每位求职者付出了人力、物力和时间，并给每位求职者提供了一次展示自我的机会。

任务一　认识求职面试

课程案例

一位年轻人参加程序员岗位面试，在面试结束后向面试官当面提出请求，希望面试官能点评一下自己刚才面试的表现，并指出他在哪方面需要提升。面试官本来委婉拒绝了这位年轻人，说他各方面表现都还可以。但是年轻人很执着，一定要让面试官指导一下。面试官认为这个小伙子还挺真诚，也许是真心希望得到一些建议，瞬间对他的好感度提升了不少。于是，面试官恳切地建议年轻人一定要把基础再打牢一些，因为在刚才的面试中有几个专业基础问题，他回答得不是特别好。谁知此话一出，年轻人反而说："我不太认可您的说法，我觉得我的专业基础挺好的。"他的这番操作让面试官"懵圈"了，心想难道这位年轻人不是真心想得到好的建议吗？还是抗压能力太差，接受不了别人的建议？面试官虽然表面上没有再说什么，但是惊讶的表情已经暴露了他的真实想法。显而易见，无论年轻人是否认同面试官的说法，结果肯定是要与这份工作失之交臂了。

想一想

这位面试者在面试交谈中犯了什么错误？

提示解析

这位面试者面试失败，不是因为他的专业技术水平达不到用人单位的要求，而是因为在面试结束后他与面试官的交谈中出了问题。他当面否定了面试官给出的恳切建议，听不进去否定性或者建设性的意见，使面试官认为他将来在工作中很难和同事一起协同工作。面试者对谈话对象缺乏基本的尊重，对生活和工作缺乏感恩之情，情商和个人素养较低。技术岗位的工作不仅需要面试者在专业技术方面有出色的表现，还需要具备基本的沟通交流能力，有经验的面试官可能会更看重面试者的综合素质。所以在面试交流时一定要注意，面试的考核内容不仅仅考核面试中的提问以及回答环节，而在时时处处都会体现出面试者的素质，有时候被面试者所忽略的细节才是决定面试成功与否的关键。

课前练习

教师根据学生的专业特点设置多个具体岗位招聘信息，请同学们结合自己的实际情况，提前准备相关的求职材料。课堂以多个学习小组为单位，组织一次模拟招聘，每个小组5位成员，其中一组扮演用人单位的HR，另一组扮演求职者。模拟招聘结束后，扮演HR的小组给出招聘结果，指出为何该应聘者可以被录用；扮演求职者的同学可以和大家分享应聘时的心得体会和应聘经验。

通过课前模拟招聘的练习，我们大概熟悉了求职面试的具体流程，但是到底什么是求职面试？求职面试交谈中会有哪些内容？怎么说才能增大自己应聘成功的概率？这些都是求职者较关心的问题。接下来，我们一同探讨求职面试交谈的本质。

一、面试在求职中的重要性及面试的本质

在深入了解求职面试的本质之前，求职者先要明确求职面试的考核内容及面试在整个求职过程中的重要作用，然后进行换位思考，站在面试官的角度，思考面试官想要得到的答案。

（一）明确面试在求职中的重要作用

求职者首先要有明确的求职意向。有些即将毕业的大学生在求职时较为盲目，随着毕业时间的临近，没有找到工作的同学心情比较焦躁，四处投递自己的简历，试图“广撒网，捞大鱼”，甚至抱有“哪家公司录用我，我就去哪家公司上班，只要给我发工资就行”的想法。但是这样“求”到的职位往往并非是自己中意的工作，求职者可能入职一段时间就会离职，又回到求职的原点。因此，大学生在求职时首先要摆正求职的态度，正确认识求职这件事。求职是一个双向选择的过程，求职者试图寻求适合自己的工作单位，而用人单位也在通过求职材料和面试等环节物色合适的员工。当双方对彼此的条件都较为满意时才能达成协议，进而签订劳动合同，确立聘用与被聘用的劳动关系。在整个求职过程中，求职者深入了解用人单位的基本情况及招聘岗位的具体信息和要求是求职的前提，根据招聘信息撰写相关求职材料是求职的基础，而最后的面试环节则是整个求职能否成功的关键。当求职者进入面试环节后，一定要加以重视，因为面试成功与否直接影响到求职能否成功。

（二）了解求职面试的本质

常言道“百闻不如一见”。即使听他人讲了很多，也不如亲自体会印象更深刻。判断一件事或一个人，亲历非常重要。一个企业在招聘新职员时，通过面试作出的判断比看求职材料更客观且直观。因此，如果想要顺利通过面试，那么求职者不妨换个角度，从面试官的视角来分析面试这件事。

面试是一种面试官与求职者之间相互交流信息，有目的的会谈，它使招聘方和受聘方都能得到充分且直观的信息，以便双方作出正确的决定。面试是一个双方彼此考量和认知的过程，面试也是一种人才测评工具。面试的实质是面试官与求职者在一个特定场景中，通过语言沟通和交流来进行进一步“双选”。面试官向求职者提供企业概况、应聘岗位基本要求及企业人力资源政策等信息，并从求职者那里获取其专业知识、岗位技能和非智力素质等信息，以确定求职者能否成为公司一员，最后，基于双方的相互认同作出是否聘用的决定。有些求职者在面试时没有弄清楚面试的实质，加之缺乏相应的语言沟通技巧，未使面试官在有限的时间内深入了解自身的实际能力，以及自己与求职岗位的匹配程度，而使自己的求职之路止步于面试环节。

面试官在面试中到底想要获取什么信息？求职者在规定的时间内如何有效提供这些信息，并让面试官认为“我”就是最适合这个岗位的人？这些都是求职者应该明确的关键内容。

二、求职面试的类型

俗话说“知己知彼，百战不殆”。求职者首先需要先了解自己即将参加的面试属于哪种类型，再根据不同类型面试的内容作好充分准备。

1. 按照面试标准化程度分类

按照面试标准化程度的不同，求职面试可以分为结构化面试、非结构化面试和半结构化面试。所谓结构化面试，是指在面试题目、面试程序、面试评价、考官构成等方面都有统一明确规范的面试，例如公务员求职面试往往采用结构化面试。非结构化面试对与面试有关的因素不作任何限定，通常是没有任何规范的随意性面试。半结构化面试是介于结构化面试与非结构化面试之间的一种面试形式，其对部分因素有统一要求，如有统一的程序和评价标准，但面试题目可以根据面试对象而随意变化，大中型企业员工招聘一般采用半结构化面试。

结构化面试是目前较为常见的人事评价手段之一，它从面试程序、面试内容、评价标准及面试时间等方面都进行了严格的要求，整个面试流程清晰、内容严密，通常根据胜任力模型中选人标准通用的六个维度(专业知识、专业技能、综合素质与能力、个性特质、求职动机、价值观)来设计面试问题。因此，结构化面试中提出的问题基本与工作内容或者岗位要求有关，能较为客观地收集并评价候选人的信息，最大程度地避免由于各种评价误差，如主观印象、第一印象和随机性等而产生偏差。

2. 按照面试实施的方式分类

按照面试实施方式的不同，求职面试可以分为一对一、多对一或者一对多、多对多的方式。一对一或多对一方式面试的优点是能够给求职者提供更多的时间和机会，使面试进行得比较深入；缺点是评价角度单一，而且给求职者的压力较大。例如，大型求职真人秀的现场招聘方式就属于这种一对一或者多对一的面试方式。

一对多或者多对多面试方式的优点是效率较高，便于同时对不同的应聘者进行比较；缺点是应聘者之间会相互影响，对于较隐私的问题不便回答。例如，某大型职场真人秀节目中，公司董事长亲自面试大学生，采用的就是一对多的面试方式。

在大型企业的面试中，招聘方为了充分了解求职者，会选择综合面试，即既有一对一也有多对一或者多对多的面试方式，甚至还会出现多轮面试的情况。

3. 按照面试题目的内容分类

按照面试题目内容的不同，求职面试可以分为经验性面试和情景性面试。经验性面试是指面试官主要问应聘者一些与过去工作经验相关的问题。情景性面试是指面试题目主要是一些情景性的问题，即给定一个情景，看应聘者在特定的情景中是如何应对的。在设置情景性面试题目时，面试官首先会讲述一些关于公司的信息，同时提出一个公司面临的问题或者所处的两难困境，然后让求职者给出最佳答案或建议。情景内容可以采用口头描述，也可以是书面形式；事件可以是真实的事例，也可以是虚构的测评事件。例如，某博物馆招聘讲解员时，面试官设定博物馆游客流量较大，游客发生口角纷争的情景，让求职者思考作为讲解员该如何应对，面试官根据求职者的回答来判断该求职者遇到突发事件的应变能力，对该事件的处理方式、流程是否符合博物馆对讲解员岗位的职责要求。这种面试方式就是情景性面试。

求职者在面试前充分了解面试的方法和流程，提前作好各项准备是面试成功的前提。面试过程中会遇到各种突发事件，有的可能会超出预期，所以面试前要作好充分的心理准备，有意识地锻炼自己的应变处置能力，以不变应万变，珍惜每一次求职面试的机会，以自己最好的状态顺利通过面试。

三、求职面试的基本原则

顺利进入面试对求职者来说已经成功了一半。但是如果掉以轻心，也许会功亏一篑。因此，面试时要充分掌握面试的基本原则。

1. 平等交流，相互尊重

面试的实质是语言的沟通交流，人与人之间交流的前提是相互尊重。这种相互尊重首先表现为在情感态度及人格方面的尊重与平等。面试官须尊重求职者，这是起码的职业操守，对别人不尊重就是不专业。面试是双方的对话，而不是一场拷问，公司面试求职者，求职者也在面试公司。因此，从面试官的角度来说，其不应在面试过程中表现出高高在上、咄咄逼人的态度；从求职者的角度来说，其应正确面对面试，在语言的表达和动作的呈现上，既不能低三下四、卑躬屈膝，也不能目中无人、傲慢无礼。在人格方面，面试双方是平等的。

其次，相互尊重还表现在对面试的重视程度上。有些求职者可能会忽略这一点，例如，在面试中的着装、礼仪、表情管理等方面，求职者加以重视，体现出应有的平等和真诚。是否具有得体的服饰和优雅的仪态能让面试官感受到求职者足够充分的准备，以及对本次面试及岗位职责要求的深刻理解。

2 实事求是，适度推销

求职面试在某种程度上讲是一种自我推销，求职者在面试交谈中要把握尺度，做到实事求是，尽量客观地陈述事实，对自己进行适度的推销，过于夸张的语言和夸大的事实容易给人造成虚伪不实、哗众取宠的感觉。

在面试中，求职者尤其不要因为想要突出自己的某种能力而过分包装自己的经历或者夸大成绩。求职者在表达自己的能力和所取得的成绩时，最好能从自己与所求岗位的适应性方面来阐述，在叙述中能使对方感受到做事沉稳、做人实在的风格，这样更容易得到面试官的信任和青睐。

3. 态度真诚，切忌争论

在面试过程中，无论面试官提出什么问题，求职者回答时态度都要真诚，同时表现出自信和热情，对回答不了的问题，也要实事求是，真诚地表示对该问题不太了解。如果在某个问题上求职者给出的答案与面试官的意见相左，或者面试官指出面试时的错误，此时需注意，不要与面试官当面争论，更不能让对方难堪。有的求职者不分场合非要和面试官争高低或者争对错，甚至得理不饶人，也许在争辩中取得了胜利，但是很可能会输掉这次面试。求职者不要在面试中表现得过于偏激和固执，应该谦逊、耐心地解释自己的想法，并请面试官多提宝贵意见。

练一练

练一练答题指导

1. 请以小组为单位，结合课前练习，分析现代社会的用人观，并逐条作出总结。

2. 请站在面试官的角度，说一说什么样的求职者容易被录用。

3. 一个人的口才在求职面试中的作用有多大？请结合实例进行说明。

任务二 了解求职面试的语言要求

课程案例

有一位即将毕业的大学生到某公司求职，面试时发生了以下对话。

面试官：“简历上显示你的成绩很不错，平时学习一定很用功吧！”

求职者：“没什么，在学校考试时都是考前重点复习一下，有时凭运气正好押中考题，而且分数不能说明问题。”

面试官：“你有什么特长吗？”

求职者：“(拿出自己的美术作品)一点小爱好。”

面试官：“看得出，你是下功夫练习的，画得还不错。”

求职者：“差远了，信笔涂鸦而已。”

面试官：……

想一想

这位求职者能面试成功吗？他在面试交谈中犯了什么错误？

提示解析

这位求职者面试失败的原因在于语言表达过于谦虚，破坏了自己在面试官心目中的形象。

课前练习

请小组讨论，求职者在面试时应该本着什么原则回答面试官的问题？

当代社会，科技是第一生产力，人才是第一资源，创新是第一动力。据新闻报道，2022 届高校毕业生人数为 1076 万人，同比增加 167 万人；2023 年，我国高校毕业生人数达到了 1158 万人(数据来源：央广网)，连续两年超过千万，可以看出高校毕业生求职就业的压力很大。面试是求职中必不可少的重要环节，求职同其他社交活动一样，是以语言传递信息、沟通情感的社会行为。在求职面试中，语言表达是主要形式，它是求职者与用人单位相互沟通了解、互通信息的基本工具，求职者的基本情况、工作能力、专业水平、素质修养、个性品质等，大多是通过语言表达来展示的。在求职面试中，既有智慧和心理的较量，又有口才、仪态的展示，求职者只有全面地掌握求职面试的语言表达技巧，才能在面试中脱颖而出，获得成功。

求职面试中语言表达应重点把握以下几项基本要求。

1. 简洁明了，突出重点

求职面试时，面试官会给每一位面试者一定的面试时间进行语言交流，短则几分钟，长则半小时，或者更长时间。例如，教师行业面试时会有专门的试讲环节，一般情况下，试讲时间为 10 ～ 15 分钟。因此，求职者要在较短的时间内让面试官尽可能深入了解、认同、信任，甚至欣赏自己，就需要在有限的时间内用较简洁的语言传递较多的信息，而且须传达出真诚的情感。语言的交流要符合对话场合，语言的使用要简洁明了、突出重点，具体应注意以下几点。

(1) 认真倾听，抓住对方提问的重点。在任何场合的沟通交流中，倾听并正确理解对方的语意是前提，否则双方接下来的沟通交流就会出现偏差。如果求职者在面试中没有听清面试官的问题，没有准确理解和把握提问者的目的或意图，那么接下来的回答可能就会偏离提问者的主题，不能让面试官得到较为满意的答复。因此，在面试过程中求职者一定要克服紧张情绪，认真倾听面试官的问题，准确把握问题要点，是回答好面试问题的前提。若在面试时，求职者没有听清楚或者没有听明白面试官的问题，没能准确把握面试官提问的目的或者意图，则可以直截了当地说："抱歉，我没有听清楚您的问题，可以重复一遍吗？""您是否可以再做进一步说明？""我对这个问题的要求还不太明确，能不能请您再解释一下？"总之，一定要理解问题后再作出自己的回答，否则就会出现答非所问的情况，从而影响面试成绩。

(2) 回答问题紧扣主题，逻辑清晰。当求职者正确理解面试问题后，在回答问题的环节中，要紧扣主题，逻辑清晰、条理分明地将自己的想法清晰地表达出来，不需要多层铺垫、拐弯抹角。在表述时，可以使用"第一""第二"或"首先""其次"等带有标志性的词语，或者采用句式结构相同或相似的句子。这样能给面试官留下头脑清楚、反应敏捷、思维清晰、条理分明、办事精干的印象。

(3) 语言表述避免重复啰嗦，克服语病。有些求职者在面试时，总是担心面试官听不清或者理解不了，于是不断地重复自己的观点，这样容易给人留下说话啰嗦、思路不清、办事不干练的印象。如果平时讲话带有语病，例如，总是重复最后一句，或者总说"嗯""啊""然后""随后"等，在面试时一定要有意识地尽量克服。

2. 情真意切，真诚朴实

面试的实质是在特定场合下的语言沟通，那么在面试中沟通的是什么？这是一个值得思考的问题。面试时的沟通主要有两个方面，一方面沟通的是信息，另一方面沟通的是情感。沟通信息比较好理解，即双方就某些不是特别清楚的问题进行深入交谈，增进了解。沟通情感可能常常被求职者所忽视。沟通情感是求职者在短时间的面试过程中，让面试官通过相互间的语言交流产生信任、认同甚至欣赏的情感，再结合相应的信息沟通，最终使求职者顺利通过面试的过程。这种情感是如何在短时间内产生的？想要回答这个问题，首先要换位思考，面试官在面试过程中想要得到什么样的答案，这是求职者语言交流的根本，把握这个根本，求职面试就不再困难。

站在面试官的角度。首先，面试官需要在众多求职者中挑选出与岗位要求相匹配并具有任职资格的求职者。任职资格是指为了保证岗位工作目标的实现，任职者必须具备的知识、技能、能力和个性等方面的要求，它常常以胜任该职位所需的学历、专业、工作经验、工作技能和工作能力等加以表达，也称胜任素质。一般在招聘启事中，对每一个岗位都会有非常清晰的任职资格描述。求职者符合任职资格的标准，用人单位才能有初步的录用意向。因此，在面试中，面试官通过语言交流深入发掘求职者的任职资格，以确定哪位求职者更符合岗位的任职要求。有些求职者为了能得到面试官的青睐，不惜夸大自己的工作经验和工作能力，尤其是校园招聘的候选人一般缺乏丰富的工作经验，为了让面试官认为自己具有任职资格，有时会编造或者夸大自己的实习经历和工作能力。事实上，经验仅仅证明求职者过去做过哪些事情，拥有哪些相关的经历或阅历，但这些并不能够证明其就能胜任未来的工作。因此，求职者在面试过程中，应诚恳地表述自己的实际经历、经验和能力，在语言表达上实事求是、真诚朴实，在情感上情真意切。

在面试中，面试官会问一些与工作相关的问题，例如，“你能详细介绍一下自己的工作经验、团队合作的情况吗？”在回答这个问题时，求职者应该真诚地表达自己的想法和看法，避免敷衍和虚假。例如，“我认为团队合作是非常重要的，因为只有团队齐心协力才能实现共同的目标。我没有太多的工作经验，但是我和同学们共同参与过技能大赛，在备赛和比赛过程中，我曾经与同学们共同克服困难，我们充分发挥各自的优势，互相协作，最终获得了省级比赛二等奖。相信我的这段参赛经历，足以证明我具有一定的团队合作能力。在工作经验方面，我确实有些欠缺，但是如果能入职贵公司，我一定会在工作中多学习，尽快积累相关工作经验，快速成长。”这样的回答能给面试官留下真诚朴实的印象。

3. 审时度势，扬长避短

俗话说“人无完人，金无足赤”，每个人都有短处，同时也具备优点。在面试中，如果面试官指出缺点或错误，求职者应该大方承认，并积极改正。如果面试中面试官并未发现求职者明显的缺点或错误，求职者就应该在双方交流时依据交流的内容进行选择，扬长避短。从某种意义上说，面试既要真诚朴实、实事求是，又要审时度势、扬长避短，这两者并不矛盾，求职者要根据面试的语境，调整自己的讲话内容，示例如下。

面试官：“根据你的简历，我们看到你在大学期间的专业课成绩一般，达不到优秀的等级，你的学习成绩是不是不好？你怎么证明你能胜任这份工作？”

求职者：“我在大学期间的学习成绩的确一般，达不到优秀的等级，但是我认为大学的学习不仅仅是理论的学习，实践学习也很重要。大学期间，我将很多业余时间用在组织举办学校活动和校外兼职上，我曾经多次组织院系各项学生活动，并担任主持人，使我充分锻炼了组织能力、协调能力和语言表达能力；校外兼职让我积累了一定的社会实践经验，提高了专业销售能力，这些知识都是课本上很难学到的。所以，我个人认为，在学校考试的成绩并不能代表我的全部能力和水平，相反，我的校内外实践经历可以很好地证明我有较强的社交能力，并有较强的语言表达能力，能够快速与人建立沟通联系，所以我认为我可以胜任产品销售一职。”

该求职者在回答面试官的问题时，巧妙地根据自己的实际情况扬长避短，突出了自己的优点。每个用人单位都在试图寻找那些有能力胜任岗位工作的优秀求职者，如果在面试中求职者能够突出自己的强项，加上自信的表达，会给面试官留下深刻的印象。

4. 展示自我，谦恭有度

素质是判断一个人能否胜任某项工作的重要标准，是决定并区分绩效高低的个人特征。面试官在查阅求职者提供的求职材料的基础上，在面试中试图通过与面试者的深入交流，发掘其身上适合工作的能力或者才干。能力、资质、才干等综合素质是驱动求职者在未来产生优秀工作绩效的各种个性特征的集合，是将有卓越成就者和表现平平者区分开来的深层次特征的集合。这种集合体现为通过不同方式表现出来的知识、技能、个性与内驱力等。素质比工作业绩抽象，更不容易把握。素质被很多人所共知但又难以说清楚，因此对某人素质判断的主观性较强。求职者在自我讲述中容易夸大自己的优点、有选择地述说，或者将自己的理想和希望与实际工作相混淆，面试官要通过“关键工作事件”了解面试者的素质，包括事件背景、个人行动以及业绩成果等，或者了解应聘者在特定工作情境中的思想、感受和愿望，尤其是在特定情境中的做法。因此，求职者在面试时，要尽可能详细且具体地描述自己所经历的“关键工作事件”，以及在这些事件中的行为和想法，明确地向面试官展示自己的综合素质，并附上对业绩结果的描述。

求职者在面试时为了展示自己，有时可能会走入一个误区，即过于表现自己，因而给人一种骄傲自大的印象。例如，有人为了表现自己，面试时说：“我在工作中能起到模范带头作用。在我原来工作的单位，大家纪律散漫，工作拖拖拉拉，我去了以后，率先带头干，并把大家组织起来，才保证最后按时且高质量完成了订单。”这种叙述，过于凸显自己，将自己包装成“救世主”的模样，反而让面试官觉得求职者过于看重自己在团队中的作用，夸大自己的能力，有些傲慢。求职者可以换一种说法：“那时候我供职的单位不太景气，员工干活的积极性不高，我去了以后，想办法调动大家的积极性，我们齐心合力拧成一股绳，最终在大家的共同努力下，按时高质量完成了订单。我们彼此都体会到团结合作的力量，同事间的关系也变得更为融洽。”求职者在与面试官谈话时，既要适时展示自己的才干和优势，又不能让对方感觉是在自吹自擂。

有的求职者在面试时，为了表现出谦虚的形象，在言语表达上反而会给面试官留下缺乏执行力的印象。例如，有位求职者想要面试秘书岗位，由于他认为秘书做事需要谦虚谨慎，因此当面试官问：“你的打字速度怎么样？”求职者说：“打字速度一般，不是很快。”面试官又问：“你有驾驶证吗？”他说：“暂时还没有，不过我计划要考了。”面试官接着问：“你有没有把握在两个月内学会开车，并拿到驾驶证？”求职者回答道：“不敢保证，我试试看吧。”这位求职者在回答面试官的提问时，选择了谦虚谨慎的回答，但是实际上作为文秘专业的毕业生，他已经掌握了速录方法，并会使用速录软件，只是和其他同学相比，自己的录入速度一般；对于车辆驾驶，他已经报名驾照考试，综合素质并不差。可是他这种过分谦虚的表现会让面试官对他的能力产生怀疑。

面试时，求职者表现出应有的自信是面试成功的基石。求职者既要在面试中展示自己的才干和优点，又要恭谦有度，最重要的是要让面试官始终看到或者相信，其有信心和能力胜任这份工作。

练一练

1. 材料题。

小袁在高考填报志愿时选的是工商管理专业，最后却被调剂到文法系，这使得小袁入学后决定自己要“一专多能”，综合发展，成为复合型人才，因此他平时在努力学习本专业知识的同时，还选修了多门其他专业课程，以全面提高个人能力。同时小袁不但积极参加院系学生会和学生社团活动，发挥自己的专长，还参加了各级演讲比赛和社会实践活动，从各方面锻炼自己的组织能力、协调能力和语言表达能力。小袁利用寒暑假到当地旅行社做兼职，带团走过不少热门景点，积累了一定的旅游带团实践经验。毕业时，小袁去大型旅行社求职，他凭借自己的带团经验和丰富的中国传统文化知识及旅游知识，加上出色的口头表达能力，最终从众多的求职者中脱颖而出，顺利入职该旅行社。

练一练答题指导

请分析该材料中求职者小袁的优势和劣势，并说一说小袁求职成功的原因。

2. 请根据求职面试的语言要求，并结合自己的实际情况，准备一个面试时的自我介绍。时间控制在 3 分钟内。

任务三 掌握面试过程中的语言表达技巧

课程案例

小华大学毕业后想要去北京某大型国企就业，面试时被问到：“请说一说你对加班的看法。”小华回答：“我可以接受有偿加班，按照公司规定发放加班费。如果是因为内卷加班，我拒绝。”面试官又问：“如果是临时加班，你能接受吗？”小华觉得自己被问住了，他不知道该如何回答。如果说“可以”，那么以后只要是加班就可能被定义为临时加班；可如果说“不可以”，那么这道问题的测试可能就不通过，从而直接影响面试结果。

想一想

求职者应该如何回答这个问题才能让面试官满意，为自己的面试加分呢？

提示解析

关于加班的问题，在大部分的面试中可能都是必答题。求职者应该洞悉这个问题的本质，再选择如何回答。这个问题其实是考查求职者对加班现象是否有客观冷静的认识，并为此作了哪些准备。回答时，对于加班要具体问题具体对待，不能回避。要表明自己对加班的态度，即只要公司需要加班，一定会认真工作，自己有一定的抗压能力，可以和公司一起携手并肩，而不会纠结于是否有加班费。当然如果可以在上班时间内完成的工作，绝不会拖到下班后加班才去完成。

正确的回答应该是：“现代社会竞争激烈，很多公司业务发展迅速，导致加班现象比较普遍，这可能是加班的客观原因；当然，也有因为某些人员能力不足而导致的加班；但是还有一些情况属于有紧急处理的事情，需要临时加班。无论何种原因都是为了公司更好地发展，作为公司的一员，我对此有清晰的认识。对于我个人来说，如果是我没有在规定时间内完成自己份内的工作而导致加班，我会进一步提高工作效率，争取当日事当日毕；如果是公司业务临时加量，我会接受加班；如果有些加班是频繁的，甚至是高强度的，单靠我个人是无法完成的，而且会影响到整个工作质量或进度的，我需要向领导汇报，寻求其他同事的支持，以免耽误整体的工作进度。总之，如果要加班，是我个人原因，我会尽量弥补工作的不足，优化工作流程，提高工作效率，尽量减少加班情况的发生”。

课前练习

请以小组为单位，列举面试中可能会被问到的问题，并给出自己的答案。

求职是一个双向选择的过程。所谓双向选择，表现为求职者选择用人单位，用人单位也选择求职者。具体而言，求职者在面试前主动向用人单位提交求职材料，做出的就业选择，体现出求职者选单位；用人单位同意录用求职者，而求职者主动放弃入职机会，也体现出求职者对单位的选择。用人单位的选择，则集中体现在面试环节，在该环节中用人单位处于主动地位，而求职者处于被动地位，因为面试官提出问题，求职者需要针对问题作出相应的回答，求职者是否被聘任，决定权掌握在用人单位一方。如此看来，面试是求职成功与否的关键，而面试总是具有明显的现场性和竞争性。现场性体现在求职者在短时间的面试中需要一次成功，“表演”要做到恰到好处，临场发挥就显得很重要。求职是一个优胜劣汰的过程，随着就业压力的不断增大，某些职位的竞争更是到了白热化的程度，百里挑一，甚至万里挑一的情况也屡见不鲜，其竞争的残酷性也略见一斑。为了让求职者提高面试成功的概率，接下来重点分析面试过程中的语言表达技巧。

一、面试中的自我介绍

一般情况下，面试总是以自我介绍开始，平淡无奇或者没有亮点的自我介绍可能就会显得可有可无。如何进行自我介绍才能引起面试官的注意，赢得面试官的好感，顺利开启自己的面试之旅呢？求职者不妨站在面试官的角度，分析一下面试官想要从自我介绍中了解哪些信息，并由此来准备自我介绍的内容。

1. 展示素质更重要

面试其实是求职者向面试官展示从表层到深层“自我”的过程，包括知识、技能、价值观、工作态度、社会角色、自我形象、个性、动机等内容。外层或表层是外显的特征，内层或深层是内在的特征，面试中求职者的内在特征在面试官眼中的重要性显然大于外显特征，隐藏在知识、能力、才干之下的求职者的素质、文化、价值观、求职动机等是面试官最看重的，所谓“外层特征是底线，内层特征是根本”就是这个意思，面试官会根据求职者面试时的言行点滴来综合考量求职者的各项素质。在面试时，求职者不要一味只展示能力而忽略素质。在准备自我介绍材料时，除了表明基本情况，还需要展示自己的知识技能，并要适时体现出自己的求职动机，树立自己职场人的职业形象。

2.“有亮点”好过“万金油”

有的求职者在进行自我介绍时，内容很丰富，好像什么都懂一点，但什么都不精通；而有的求职者虽然有些地方不如他人，但在某个方面有过人之处，如果此人在这一点上可以比他人做得更好，说明此人有自己独特的方法或见解，相信这样的人入职后，只要给他机会，在其他事情上同样可以做得更好。对比这两种求职者，用人单位一般会选择后者。从求职的角度来讲，这也就是所谓“千招会不如一招精”的道理。作为求职者，要在面试中充分展示自身的闪光点，这需要在准备求职材料时对自己的亮点有清晰而明确的认知，并进行认真的剖析和总结，面试时对自己的这个亮点作重点阐述。

3. 缺点与信心并存

一个不能正确认识自己的人，恐怕也难以摆正工作心态，自信心太强，可能是受挫折太少，不利于应对未来工作中的复杂局面。因此，在进行自我介绍时，如果需要谈谈自己的优缺点，则一定要全面。下面是两位面试者的自我介绍。

面试者甲是一名即将走出校门的应届毕业生，应聘新媒体编辑一职。他的自我介绍如下：

面试官好！我叫马英涛，就读于××学院新闻采编与制作专业，我想应聘贵公司的新媒体编辑一职。对于新闻行业来说，传统新闻媒介逐渐式微，新媒体应运而生，尤其是在自媒体时代，人人都是发言者，我作为一名新闻专业毕业的学生，非常想从事和新闻相关的工作。贵公司在本地区新闻出版界是行业翘楚，我非常认同贵公司在新媒体发展中的理念，希望能成为其中的一员。我擅长撰写新闻稿件以及编辑文案，对新闻事件有敏锐的洞察力，而且我学过网页设计与制作，通过了数字媒体交互设计职业技能等级考试，并达到了中级水平，可以独立从事移动 App 产品的需求分析、逻辑建模等工作。虽然我与新媒体编辑相关的实践经验有限，只参与过系部微信公众号新闻稿的撰写和网页编辑，担任过我们学校校报的编辑，做过常规的新闻采访和新闻稿件的撰写，但是我非常热爱新媒体这个与时代共同进步的产物，而且喜欢不断尝试新鲜事物，愿意做具有挑战性的工作。例如，我利用课余时间开通了自己的短视频号，不断尝试在“竖屏面”的媒体上发布作品，主要是宣传当地特色手工制品，目前已经有了不少粉丝。如果我能入职贵公司，我将以最大的热情投入到工作中。希望面试官能给我这个机会。谢谢！

这位面试者做自我介绍时，不仅展示了自己与应聘职位相匹配的能力，而且展示了相应的素质，具有强烈的求职欲望，对新媒体的热爱和对公司新媒体发展理念的认同是他的求职动机。对自己的优缺点也作了较为客观和详细的阐述，整个自我介绍使人能够感受到一个即将毕业的青年人较积极的人生状态，对未来抱有希望，而且充满自信，这是打动面试官的主要因素。接下来面试官还会详细询问他的具体情况，以确定他是否具有新媒体编辑的任职资格。

面试者乙已经毕业一年，因为个人原因从原单位离职了，他想应聘某企业销售一职。下面是他的自我介绍。

面试官上午好！很荣幸能参加今天上午的面试。我叫刘艺正，毕业于 ×× 学院市场营销专业，我希望应聘贵公司门店销售一职。我是去年毕业的，有相关的销售经验，曾经就职于 × 星家居旗舰店和吉方建材装饰公司，具体的职位都是销售员。我本身具有较强的销售能力，曾经在装饰公司的月销售额达 78 万元，成为公司当月的“销冠”。此外，我还与多家客户建立了商务联系。我希望能入职贵公司，请面试官给我一个展示能力的机会。如果我能入职贵公司，我会带给公司较大的收益，能显著增加门店的销售额，我相信自己有这个能力，希望面试官给我这个机会。

面试者乙主要从曾经的工作经历和工作业绩方面对自己作了介绍。但是他的介绍给人一种过分自信的感觉，好像他的能力特别强，只要有他在就能让门店的销售额瞬间跃上一个新的台阶，这种说法反而使人对他的销售能力产生怀疑，尤其是可能会质疑他曾经的工作业绩是否有假？他离职的原因是什么？这样的自我介绍虽然体现了个人能力，但是却不能使面试官对他产生信任或者欣赏的情感，因此是不可取的。

二、面试应答技巧

面试中除了求职者作自我介绍，面试官还会出一些其他题目考查求职者。面试的目的是用人单位认识和了解求职者的素质、能力和经验与岗位的要求是否匹配，以及求职者对这份工作的态度。面试官所做的就是从求职者的各种陈述和行为中鉴别求职者的真实表现。面试时所问的问题主要集中在以下几个方面。

1. 求职者的职业发展情况

对于有工作经历的求职者，问题多集中于在各阶段工作经历的具体时间，其行业或某岗位工作的连贯性、具体职务及承担职责的变化情况等。对于应届毕业生，多集中在实习或者实训及校内外兼职情况等。

针对职业发展情况，求职者要对自己的职业发展有清晰的认知，什么时间做了哪些工作，在叙述时不要只说时间、地点，更要描述过程，以及产生的结果或取得的收获，这些都将成为求职者获取新工作的基本经验和前提。例如，某求职者的经历是 2021 年 9 月至 2022 年 8 月在某中学任教。当他在向面试官叙述时不能仅说何时何地做了什么，而应该较为详细地对这段经历进行描述。应该这样说：“我于 2021 年 9 月至 2022 年 8 月在 ×× 中学担任高一年级语文教师，任职期间曾指导学生参加全国中学生作文比赛，获得省级三等奖；通过做语文老师，我学到了较为先进的教学理念，同时也锻炼了与学生、家长沟通交流的能力，在教育学和心理学方面得到了实践锻炼，积累了一定的教学经验。”

2. 求职者的工作业绩情况

工作业绩主要体现在求职者具备何种能力。求职者提供一般性的描述，如何时何地做何工作。最好还是量化具体的信息，如何时何地做何工作，用数字信息描述效果如何，结果怎样，在工作过程中自己收获了什么，提高了哪方面技能，锻炼了什么。

在工作业绩方面，求职者在回答时应尽量提供具体的量化信息。例如，每个月接待游客数量达到 850 人，每年处理案件数量超过 150 起，管理人数达到 26 人等。

3. 从简历上的疑惑点中提出问题

不清楚或有意回避的信息是面试官提问的重点。作为求职者，在面试前要作充分的心理准备和材料准备，以应对面试中任何一个可能出现的问题。

简历中让面试官产生疑惑的地方，可能就是求职者的弱项。对于这部分内容，求职者一定要做到心中有数。面试前要对自己的不足有清晰的认识和合理的解释，如果被面试官问到，应该采取不回避的态度，并提供解决办法，或提出应对措施来面对质疑。

面试中，求职者遇到的问题可能很多，求职者需要明白每个问题背后的考查点是什么，这样才能有针对性地去组织答案。来看下面这两个问题："请谈谈你从事该工作的优势是什么。""你曾受过与本工作有关的专业训练吗？"乍看上去，这两个问题毫无关联，但是面试官发问的出发点是一致的，就是要考查求职者的专业技能。求职者在回答时，如果能从专业技能的角度来叙述，基本就切中了问题的要点。具体到不同的面试中，虽然不同行业、不同岗位的面试内容有所差别，但面试的问题大多集中在语言表达能力、自我认知能力、抗压能力、工作潜力、世界观、人生观、价值观、对岗位的理解、聘用价值、情绪管理等方面，不同的测试点对应某个或者数个面试问题，不同的问题对应不同的测试点，求职者可以像考试做题一样，根据不同的问题找到相关的测试点，再有针对性地组织答案。面试问题的测试点及回答要点详见表 5-1。

表 5-1　面试问题的测试点及回答要点

测试方向	面试问题	测 试 点	回答要点
语言表达能力、自我认知能力	请用 2 分钟时间介绍一下你自己，或请作一个简短的自我介绍	语言表达能力和概括能力	组织好语言，用较简洁的话语概括个人基本情况，将自己的能力、优势和缺点告诉面试官
	请举例说明你曾经让某人做他并不喜欢做的事情	说服力和影响力	语言组织要有条理性，侧重展示说服的技巧
	在你的同事(朋友)眼中，你是一个什么样的人？你是怎样评价自己的？	语言表达能力及概括能力，通过个人能力与胜任岗位所需素质作比较	不要流于形式，也不可说得假大空，对自己应有正确的认知和明确的定位，主要谈与目标岗位的任职要求是否匹配等
抗压能力	请介绍一下你曾经遇到的工作挑战，并说说你的应对策略、结果是什么？	抗压能力与解决问题的能力	抗压能力、受挫能力、解决问题能力是很多企业比较看重的，回答这方面问题会体现求职者的"三观"，因此不能体现出逃避问题，或者拖延、等待解决问题，而要回答你是如何积极面对问题、调动一切力量想办法解决问题等

续表

测试方向	面试问题	测 试 点	回答要点
工作潜力	你有继续进修的计划吗？通常下班后，你都做些什么？最近一年，你做了哪些事情来提高自己？	通过对个人成长的态度来判断求职者未来的潜力	每一个员工都应该是一个终生学习者，要跟上时代，适应社会的变化。因此对于此类问题，要从思想上高度重视，并积极付诸实践，这是保证求职者在未来岗位中不断进步的源泉。相反，如果回答业余时间都是在休闲娱乐，或者不思进取，可能会失去入职机会
	讲述你遇到过的挫折，并说出你是如何面对挫折或者你是怎样解决的？	从这个糟糕的事件中，你学到了什么。通过学习能力来判断一个人的潜力	该问题比较现实，人生遇到挫折很正常，但是有些年轻人抗挫折能力比较弱，因为不能接受老板的批评，反倒炒老板鱿鱼，任何一个企业都不希望招聘到这样的员工。因此，在回答此类问题时，求职者最好以积极的心态面对挫折，无论是在工作中还是生活中，每一个人都应该做一个强者，要体现出自信
世界观、人生观、价值观	你有没有座右铭或者比较喜欢的格言？你最喜欢哪一本书？你最喜欢的历史人物是哪一位？	求职者的世界观、人生观、价值观	该问题充分体现了求职者的素质，正确的“三观”是决定一个人人生走向的关键。在回答该问题时，应体现正确的“三观”，即积极、向上、乐观的精神面貌
对岗位的理解	你怎样理解你所应聘的岗位？其主要职责是什么？	通过你对岗位的理解来判断你是否有相关工作经验	回答该问题的前提是求职者对目标岗位的了解程度，若有一定的工作经验会更佳，根据实际情况如实回答即可
聘用价值	为什么要聘用你？如果你被录用，你能给公司带来什么好处？	自信、自我认知、岗位能力匹配度	这是一个综合性问题，主要从求职者对自己的正确认知谈起，要有理有据，不要肆意夸大，也不要妄自菲薄，应对照岗位要求来回答
情绪管理	若你与领导意见相左，并当众发生争执，你应如何处理对待？	情绪控制及情绪管理能力	该问题不仅考查求职者的情绪管理能力，同时也考查一个人的情商。在任何情况下不应扩大矛盾，有时可以做冷处理

根据对这些问题的分析，求职者可以模拟一份面试问题的清单，并提前准备好回答的对策，选择合适的语言及表达方式。

练一练

1. 请尝试回答下面的面试题目。

(1) 你是一个怎样的人？

(2) 你为什么要从事这项工作？

(3) 你能为我们做些什么？

(4) 你有什么长处？

(5) 你有什么弱点？

(6) 你对薪资有什么要求？

(7) 谈谈你对跳槽的看法。

(8) 这份工作压力很大，你承受得了吗？

(9) 当你与上级意见不一致时，你将怎样处理？

(10) 你有其他问题需要问吗？

2. 请想一想并说一说，面试中除面试官的问题外，还有没有其他的考查点。

练一练答题指导

某公司对应聘毕业生的面试八问

任务四 掌握求职面试的无声语言

课程案例

小菲即将去一家大型连锁酒店面试，为了通过面试，她精心准备了很多内容，面试当天她穿上职业套裙，挽起长发，对着镜子照一照，感觉很完美。出门时，小菲发现自己平时穿的鞋子不太合适，于是灵机一动穿了妈妈的黑色高跟鞋，但是这双鞋子有点大，走路时不太跟脚，但时间来不及了，她心想只穿一会应该没问题。到了面试现场，小菲才发现面试的地点就在酒店大堂，求职者都等在大堂一侧，面试官包括酒店经理在大堂另一侧。轮到小菲面试时，面试官要求她在短时间内穿越整个大堂，原本淡定自信的她可被这快速“穿越”害苦了，因为走得急，鞋子不跟脚，就在她走到大堂正中央时，一用力，鞋子不受控制地踢了出去，她自己也崴到了脚，面露痛苦跌坐在地上。所有的面试官和求职者开始还忍不住笑了出来，但看到坐在地上的小菲时，又都投以同情的目光。小菲虽然机智地说“我的鞋子比我还紧张”缓解了尴尬，但面试最终在一瘸一拐中开始，以至于影响了她面试中的整体发挥。

想一想

面试时对求职者的着装有哪些要求？

提示解析

面试是对求职者综合素质的考查，不仅仅体现在有声语言的交流上，其他方面如仪容仪表、服饰、仪态等均是考查点，因此无论是哪个方面都要作充分的准备，同时还要注意细节。本案例中，小菲为了面试已经作了充分准备，但是忽视了鞋子这个细节，最终导致面试出现了重大失误。这一案例提醒即将参加面试的求职者，面试现场什么情况都有可能发生，比如衣服的拉链坏了、扣子掉了等，因此面试前一定要作全面准备，不要存在侥幸心理。

课前练习

请同学们说一说面试时应该如何着装才会比较得体。

在求职面试时，面试官对求职者的考查不仅体现在有声语言交流中，还体现在一个很重要的方面，就是求职面试中的无声语言。无声语言所传达的信息非常丰富，表达的情感往往带有暗示性，求职者可以通过着装、仪态、表情、动作等无声语言向面试官传达更多个人信息，调节语言交流的气氛，甚至影响面试官的情感或思路。无声语言在某种程度上更能体现一个人的身份、气质、修养、性格和人格等，是对有声语言交流的必要补充。甚至有些面试考题是专门针对求职者行为而设立的，主要考查个人气质、修养等综合素质，而这种考查仅凭语言是无法衡量的。因此，求职者对面试中的无声语言也应给予足够的重视。

面试中的无声语言主要表现在以下两个方面。

一、面试中的仪容和仪表及服饰

1. 仪容和仪表

面试时的仪容和仪表是求职者在面试时留给面试官的第一印象。通常说人的第一印象形成 =55% 外表 +38% 自我表现 +7% 语言，这意味着无声语言在面试中起了很大作用。虽然作为专业的面试官，对求职者的判断不会先入为主，而是用晕轮效应来得出最终判断，但是不可否认一个人的外表确实在无形中起到了一定的作用。讲究个人卫生、保持衣着整洁，不盲目追赶潮流，着装得体和谐，装扮适宜、举止大方、态度亲切都是对仪容和仪表的最基本要求。面试场合中，男士要注重眼部、鼻腔、口腔、胡须、指甲等处的整洁；女士适当地美化淡妆不仅是一种修饰，也是尊重自己和尊重他人的体现。

1) 发型

发型常常是仪容中容易被忽略的部分，有不少面试者在仪容、仪表失分，就是败在了发型上。干净、得体、大方的发型可以给人留下神清气爽的美感，应根据自己的年龄、性别、职业、性格、爱好和脸型特点等用心设计。求职者的发型既要结合流行趋势，又不能盲目追赶潮流，特殊岗位对头发的长短、颜色等有一定限制。尤其是女性求职者，面试时最好能将长发束起，有不少女士平时喜欢将头发散下来，丝滑柔顺的长发增加了个人魅力，但是面试时这样的发型不太合适，因为低头或抬头时头发易散乱，有时会影响到面部的呈现，使求职者不得不重新整理仪容、仪表，这样不仅会破坏自身的形象，还会给面试官留下不够精神、干练的印象。在发型设计中还有一点需要注意，求职者有时在前额会留有刘海 (前帘)，刘海的长度应以不遮挡眼睛为宜，刘海过长，动作幅度稍大，同样会破坏自己的仪容、仪表，不但遮挡眼睛，可能还会影响正常的交流，在面试中给人缺乏真诚的感受。女士的发型在修饰时，应注意选择合适的发饰，这样不仅起到了固定头发的作用，还起到了修饰脸型的效果，可谓一举两得。男士的头发应该长短适宜，前发不遮眉，侧发不掩耳，后发不及领，蓬松清爽，头发颜色和发型不能怪异，应该以反映个人气质为宜。

2) 面部修饰

在进行面部修饰时，女士可以根据个人气质化淡妆。妆面造型不能夸张，眼影、腮红、唇膏的颜色要协调一致，妆容避免过于浓重，尤其是烟熏妆、泪痕妆、芭比娃娃妆、创意妆等，不适合出现在正式的面试场合。妆面效果应尽量自然、淡雅，给人营造一种亲切、温馨、舒服的感觉。

2. 服饰

服饰包括着装和配饰。

求职面试服饰搭配（女士）

1) 着装

(1) 男士着装的要求。男士面试时，最好穿西服、皮鞋，配上硬领衬衫，系上挺括领带，显得潇洒、英俊。在颜色选择方面，最好选择深色西装，比如灰色、黑色和深蓝色，给人以稳重、忠诚、干练的感觉。在面料选择方面，最好选择天然织物面料，因为人造织物的光泽和质地给人一种廉价的感觉，缺乏垂感，会降低个人品位。西装穿着时可先进行熨烫，不要有褶皱，一定要挺括。穿三颗纽扣的西装，一般可只系第一颗扣子，或系上面两颗扣子，不能单独只系最下面的一颗扣子，而将上面的扣子敞开；穿双排扣西装时，所有的扣子都要扣上。需要强调的是，对西裤的选择应以熨烫笔挺的长裤为宜，长度以直立状态下裤脚遮盖住鞋跟的四分之三为佳。与西装搭配应选择皮鞋，尽量不要选有攻击性感觉的尖头款式皮鞋，方头系带的皮鞋是最佳选择。皮鞋颜色应与西装相近，袜子的颜色最好和鞋、裤子颜色一致，袜子的长度以袜口抵达小腿为宜。

求职面试服饰搭配（男士）

(2) 女士着装的要求。女士的面试着装一般来说有套裙和西装，套裙是首选。在颜色选择方面，冷色调更适合正式的场合，比如炭黑、雪青、紫红等。上衣和裙子或西裤可以是同色系，也可以采用上浅下深或上深下浅的组合。在面料选择方面，上衣和裙子最好采用同一质地、色彩的素色面料。上衣与下装的质地款式应相配，不要上衣十分厚重而下装又极轻薄，也不要上着职业装而下着牛仔裤。在款式选择方面，上衣要注重平整、挺括、贴身，较少使用饰物和花边进行点缀；裙子以窄裙为主，裙长要到膝盖处，不能短于膝盖；西裤应选择长裤。用衬衫搭配西裤（长裤）显得干练，衬衫搭配裙子显得斯文。西装或套裙应搭配高跟鞋，最好选择黑色、独跟、跟高为 5 厘米左右、装饰物较少的高跟鞋。

2) 配饰

(1) 男士配饰方面。男士的配饰主要有眼镜、领带、领夹、领结、手表、戒指、腰带、手包等。这些配饰的选择和佩戴应符合面试岗位要求和个人身份气质，与服装在颜色、款式方面相搭配，佩戴时应注意细节。手表、戒指的佩戴原则：如果只是为了修饰可配于非主力手(左手)；如果是为了显示身份、地位、权力，则配于主力手(右手)。

(2) 女士配饰方面。女士的配饰主要有头饰、耳环、项链、手镯、手链、戒指、胸针、丝巾、手包等。面试时，女性佩戴饰品以少为佳，每种不多于两件(耳环、手镯)，总数不超过三件。耳环款式的选择应避开过于闪耀、带有流苏或者坠饰的造型。手镯、手链、戒指应戴在非主力手(左手)上。胸针的佩戴较为常见，可戴于西装或大衣的翻领处，左右翻领均可佩戴。如果胸针佩戴在衬衫或毛衣上，应选择非前面系扣、净面、高领款式，佩戴的位置最好选在咽下或天突穴下。求职面试时，配饰的选择应符合面试岗位要求，与当天所着服装相协调，可以选择贵重金属质地、款式简洁的项链、耳钉或手表等。戴配饰应符合身份，切不可佩戴大颗宝石、珠环玉佩，以免给人留下“炫富”的印象。戴配饰应尊重习俗，求职者去面试不可佩戴鬼脸、骷髅、十字架等造型夸张或者宗教信仰鲜明的饰物。

仪容、仪表的其他细节也不能忽略，比如指甲不能留太长，应该注意修剪，女士面试时应摘掉美甲，涂指甲油要尽量用淡色。男士求职者的胡须不宜太长，应该将下颌修剪得光滑平整。口腔应保持清洁，面试前不能喝酒或吃有异味的食物，避免在与面试官交流时，口腔发出异味，破坏个人形象。

二、面试中的仪态

除仪容、仪表外，面试中的仪态也可以体现一个人的精神气质，要引起重视，加以注意。仪态指一个人的表情、行为、动作等体态语，它能反映一个人的性格、心理、感情、修养和气质，展现为在某个场合的举止和风度。一个人的礼仪修养正是通过一举一动表现出来的。

1. 面试中要始终注意自己的站姿、坐姿和走姿

站立时应挺胸、抬头、收腹，目视前方，面带微笑，体现挺拔、端庄、自信的气质。女士站立时双肩外展，双臂自然下垂，双手交叠着放在下腹部；男士站立时双肩外展，双臂自然下垂，双手放在身侧。站立时，既要遵守规范，又要避免动作僵硬，注意肌肉张弛的协调性。强调挺胸立腰，但两肩和手臂的肌肉不能太紧张，要适当放松，呼吸自然。以基本站姿为基础，还要适时地变换姿态，追求动态美。

求职面试中站姿

面试时一般采用坐姿，入座时要格外注意礼节。进入面试房间后不要主动坐下，等主考官示意你坐时再入座。入座后，不要背靠椅背，也不要坐满椅子，一般以坐满椅子的二分之一或三分之二为宜。如果坐满椅子，腰部不能挺直用力，会影响面试者的挺拔身姿。面试时，女士的膝盖一定要并拢，脚可以放中间，也可以放在侧边；男士的膝盖可稍微

求职面试中坐姿

分开，但不宜超过肩宽。跷腿时，要注意收紧上面的腿，脚尖向下压，绝不能以脚尖指向别人；不要抖腿。

走路的姿势最能体现一个人是否有信心。标准的走姿应该是两眼平视前方，步履轻捷不拖拉，两臂在身体两侧自然摆动，身体应当保持正直，不过分摇摆。男士要表现得稳定、矫健，女士要体现出轻盈、优雅。

2. 注意谈话时的表情管理

人的面部表情主要由眉语、眼神、唇型、脸色等构成，在这里重点讲述眼神和微笑。眼神的运用主要包括注视时间、注视部位、注视方式。面试中，当求职者用眼神与面试官进行交流时，要注意注视时间不能太短，若时间太短会给人眼神飘忽的感觉，但也不能太长，时间太长会使人产生不适感。选择注视部位时，可以将目光落在对方的前额到双眼间的三角区，能给人诚恳、认真的感觉。注视方式要尽量选择平视，这样可以增加真诚感。面试中，求职者可能因为紧张，对微笑的控制会稍显不自然，但是应该有意识地保持微笑，微笑的时机要适当，微笑时还应掌握分寸，笑的时候要真诚。

3. 行动应体现礼节性

面试中，求职者的行动应时时处处体现出礼节性，以表示对面试官的尊重。按照面试流程，进入面试场所，如遇房门关闭，请先轻敲房门，待得到允许后，再推门进入，进入后要主动关闭房门。第一次正式与面试官见面，应该主动问候，如握手或者45°鞠躬致意。如果需要递交求职材料，要双手递上，使面试官能够看到正向的字体。求职者面试时，如果面试官没有示意求职者坐下，那么求职者应该站立等待面试官的指示，得到坐下的信息后，要对面试官先表示感谢，然后再落座。面试过程中，求职者应尽量避免过多的小动作，如抠手指、摸鼻子、眨眼或者抖腿等，应尽量表现出自信。面试结束后，应向面试官表示感谢，最好是鞠躬表示感谢。离开时应主动关闭房门。

面试对于求职者来说是一个极具挑战性的过程，考验求职者多方面的素质和能力。也许很多求职者认为，面试结束就算完成了求职，其实求职的过程还不算完满。求职的最后一项内容是在面试结束后，无论面试的结果如何，求职者都应该向用人单位表示感谢，感谢用人单位给自己提供一次面试的机会，通过参加这次面试自己增加了求职的经验，面试官也为这次面试付出了劳动，对面试官也应表示感谢，这是对他人劳动最起码的尊重。这份感谢也代表着一个人的境界和修为，是面试之外的又一次个人素质的展示。

对于面试成功的求职者来说，入职只是开启自己职业生涯的第一步，希望求职面试这个过程能为每一位求职者提供一个机会，让求职者在各自的工作岗位上有所成就，完成自己在求职时的职业规划和梦想。

练一练

1. 请同学们分小组模拟面试流程，分别扮演求职者和面试官，并设计面试的语言和动作。

2. 具体情境训练。

训练一：某汽车4S店招聘销售员，人事部经理进行面试。

求职面试普法链接

每个小组推荐两人，分别扮演人事部经理和求职者进行面试交谈。扮演人事部经理的同学要设计 5 ～ 8 个面试问题，求职者现场回答。小组的其他成员对两位扮演者的语言、动作等作出评价，并指出其可以改进的地方。

训练二：以小组为单位，一名同学扮演人事部经理，其他同学扮演求职者，看看哪位求职者能脱颖而出，面试成功。扮演人事部经理的同学结合所有面试者的表现，说一说为什么留下该求职者。

训练三：面试结束后，4S 店人事部经理表示，其中一位求职者条件比较符合招聘要求，但是这位求职者的眼睛大小不一，不考虑录用。求职者则认为这并不影响自己成为一名出色的销售人员。如果你是这位求职者，你将如何说服人事部经理录用你？请先形成文字材料，然后说一说。

练一练答题指导

项目六 职场应用——谈判口才

知识目标

(1) 了解什么是谈判。
(2) 掌握谈判语言的特点。

技能目标

(1) 分析并掌握提问、答复、说服、拒绝等谈判口才技巧，提高磋商能力。
(2) 掌握谈判者应具备的心理素质。

情感目标

(1) 在谈判中要尊重对方。
(2) 树立合作共赢的价值理念。
(3) 学会控制和管理自己的情绪。
(4) 增强办事的韧性。

任务一 认识谈判口才

课程案例

大家先来看一段场景对话：
妈妈：“宝宝乖，再吃一口饭。”
孩子：“不，我不吃。”
妈妈：“吃饭可以让你长高高，宝宝乖，快来吃一口。”
孩子：“不，我就不吃饭。我要吃糖。”

妈妈："吃完饭，妈妈再给你糖吃。"
孩子："吃完饭，我就吃不下糖了。"（嚎啕大哭起来。）
妈妈："好吧，先吃一颗糖，然后再吃饭。"
孩子："不，我要先吃两颗糖再吃饭。"
妈妈："好吧，那就先吃两颗糖。"

认识谈判

想一想

在这个谈判案例中，孩子为什么最终能赢得胜利？我们可以向这个孩子学习哪些谈判技能呢？

提示解析

孩子可以说是天生的谈判高手，从该案例可以看到这个孩子在谈判中至少有以下三点值得学习：

首先，孩子目标明确，他自始至终都知道自己的目标是吃糖。

其次，孩子还具有一个谈判高手必备的勇气，无惧拒绝，据理力争。

第三，孩子从不轻易让步，懂得适时地为自己争取更多的利益。

课前练习

如果你看中了一条标价为399元的裤子，你想让店员价格便宜一点，这时店员却告诉你服装店谢绝还价。在谈判中，遭遇拒绝是经常的事，面对拒绝你是就此作罢，还是继续进行？这本身就是对谈判者的一种考验。找两位同学分别扮演店员和顾客，模拟这场谈判。

谈判在现实生活中随处可见，如市场中的讨价还价，家庭中夫妻之间、父母与子女之间的沟通交流，职场中员工与老板之间的薪资沟通都是谈判的具体运用，即使是国与国之间的分歧处理也可以通过沟通协商来解决。应该说，掌握谈判知识，提升谈判技能，不仅能让人们收获巨大的经济利益、和谐的人际关系，也有助于为自己赢得更大的朋友圈。谈判是由谈和判组成的，谈是判的基础，无论哪种类型的谈判都是人们通过语言沟通来实现的。因此，针对谈判语言进行训练，掌握谈判口才的相关技巧对每一个人都是很有必要的。

一、谈判口才的定义和谈判语言的特点

（一）谈判口才的定义

谈判口才是日常通用口才之一，是谈判者同谈判对手进行磋商时为使对方认可自己的观点、接受自己的建议、促使双方达成合作时所使用的口语表达策略和技巧。谈判是由“谈”和“判”组成的。没有“谈”，谈判就无从实现，应该说谈判的全过程就是谈判者运

用语言表达技巧实现自己的谈判目标的口才运用和发挥过程。谈判口才的核心在于说服。双方都致力于通过沟通交流让对方认可自己的提议，最终通过妥协或让步达成双方都认可的协议或共识。谈判口才的高低对谈判结果的影响巨大，每一位致力于谈判的人都应重视对谈判口才的训练。那么谈判的语言在使用时有什么特点呢？

（二）谈判语言的特点

在语言表达方面，谈判更强调语言的客观性、诱导性、灵活性以及规范性。

1. 客观性

谈判语言的客观性是指谈判者在谈判时必须以客观事实为依据。以产品的买卖谈判为例，卖方对企业和产品情况进行介绍时，必须要遵循客观真实的原则，恰如其分地介绍产品的性能、质量，报价时也要切实可行，不应漫天要价。作为产品的购买方，在购买产品时也应实事求是地评价产品，还价时要充满诚意，压价时也应讲出依据。从谈判沟通的目的来看，每一次谈判语言的使用都旨在实现己方利益的最大化，因此每一次讨价还价都是实实在在的。

只有谈判双方的语言遵守客观性，双方都以诚相待，才能为谈判的最终成功奠定基础。

2. 诱导性

在谈判中谁能精准、迅速地掌握信息，谁就能在谈判中掌握主动权。因此谈判者在谈判时总是小心翼翼地掩盖自己的底线和真实意图，又千方百计地试探对方的底线与意图。谈判者在谈判中的试探、诱导往往是通过巧妙提问实现的，而提问的目的是摸清对方的战术和底牌。看下面这个案例：

一位顾客看中了店里的一套衣服，但她不清楚这件衣服的底价，于是为了探寻这件衣服的底价，顾客与售货员之间展开了一场谈判。

售货员：“您好！欢迎光临！有什么可以帮您的？”

顾客：“你好！这件红色的衣服多少钱？”

售货员：“价钱都好说啦！穿在您身上合适才最重要。您先上身试试（说着帮顾客穿上了这件红色衣服）。您真有眼光！您相中的是我们店里的最新款。您穿在身上有没有觉得很舒服？这款衣服采用的是真丝面料，夏凉冬暖，长期穿着还具有养肤效果呢！现在这件衣服正在搞活动，原价 850 元，现在活动价打九折。”

顾客：“太贵了，能不能便宜一点？如果便宜一点我可以多买两件。”

售货员：“您打算买几件呢？”

顾客：“那要看你的报价了！”

售货员：“如果您能一次买两件的话，我能给你打个八五折。”

顾客：“还是太贵了，再便宜一点吧！我是来进货的，现在先拿两件回去试卖，如果好卖还会再进的，你给报个实在价。”

售货员：“啊！原来是同行啊。那我就给您个实在价，不能再低了。如果您一次提货 50 件，我给您打个五折。”

顾客："如果进货你能按时送货吗？"

售货员："您要送到哪里？我们店不提供异地送货。"

顾客："那如果我自己提货你能优惠多少？"

售货员："哎哟，老妹呀！您也太能砍价了。那我给您叫个车吧，车费我出了。"

在该案例中，顾客采用了提问的方式来探寻对方的底价，由于对售货员的报价不满意，她在短暂评价对方报价的基础上通过多次提及与价格相关的问题(数量、售后)要求对方改善报价。通过提问题来搜集信息是常用的谈判语言表达技巧之一。

3. 灵活性

尽管谈判双方在谈判前都做了充分准备，但是谈判过程仍充满了各种变数和不可控因素。在谈判过程中，对方要说什么或做什么，谈判者很难完全预知，这就需要谈判人员根据谈判对手的信息输出和反馈随机应变，及时灵活地调整自己的语言。如有必要，还需要重新修订部分谈判目标并相应地调整谈判方式。不可一味拘泥于既定的谈判计划，否则必将在谈判中失去优势，处于被动。

4. 规范性

谈判语言的规范性是指在谈判过程中使用的语言应清晰易懂、严谨精确、文明礼貌。谈判语言的使用是为了实现良好的沟通，因此也应遵循一般语言沟通的要求。

(1) 谈判中使用的语言必须清晰易懂。这就要求谈判者在谈判过程中要使用对方能听得懂的语言并保持声音洪亮，尽可能做到发音标准，避免使用对方听不懂的方言或术语进行交流。

(2) 谈判中使用的语言应严谨准确。在谈判中必须认真思索，谨慎发言，避免一言不慎，满盘皆输。要想达到谈判语言准确就要求谈判者在沟通中如实地传达自己的观点，在传达观点时不要使用易引起对方产生歧义的语言。

(3) 谈判中使用的语言应文明礼貌。无论出现何种情况都不能使用粗鲁、污秽或攻击辱骂的语言。在谈判中，说话要注意维护对方的自尊和面子，一旦触及对方的面子和自尊，就会引起对方的全力防卫，这时要使谈判达成就很困难了。而丢面子、伤自尊很多时候是由谈判者语言不慎导致的，所以谈判人员应特别注意在谈判中文明用语。谈判语言的文明性不仅能体现出谈判者良好的修养，也有助于消除谈判双方的陌生感。

二、谈判者应具备的心理素质

谈判不仅是语言的交锋，还是心理的较量，因此作为谈判者应具备良好的心理素质。

1. 谈判者要有充分的自信

无论何种谈判都面临着说服对方的问题，而自信的人的观点更容易使人信服。那么怎样才能让自己在谈判时充满自信呢？抛开自身实力给自己带来的自信底气不谈，自信还来源于谈判前所做的充分准备。谈判者在谈判之前要做好信息搜集和分析工作。搜集与此次谈判主题相关的各种信息，主要包含三方面的信息：己方相关信息、对方相关信息以及市场相关信息。关于己方的信息，主要是弄清楚此次谈判的目标以及各个目标的实现程度，尤其要清楚自己的底线，如哪些可以让步哪些不能让步，还要清楚自己的优势和劣势，以及竞争者的情况等。关于对方的信息，主要是弄清楚对方的主体资格、实力、需求、对方对需求的紧迫性、谈判时限、资信以及对方谈判人员的个性和以往的谈判风格等。除了做到知己知彼，商务谈判者还需要对市场形势了如指掌，包括了解市场的发展趋势以及市场的发展动态。

当然，信息搜集完毕并不意味着准备的结束，谈判者还需要对信息进行分析。首先对搜集来的信息要进行真伪判断，剔除假信息；其次还要判断哪些信息对自己有利，哪些信息对自己不利，哪些是在谈判中可以利用的信息。应该说对信息把握得越精准，谈判者在谈判时就会越自信。

2. 谈判者要学会为对方着想，树立双赢的价值理念

谈判时为自己着想容易理解，因为每个人谈判都是为了达到自己的目的。那么谈判为什么还要为对方着想呢？这主要是因为谈判之所以产生，是双方都有需求，而且这些需求需要从对方那里获得满足。换言之，谈判之所以能够存在，是因为你需要我，我也需要你。如果在谈判中，谈判者过分追求自己的利益最大化而无视对方的基本利益，将会导致对方在谈判中无利可图，那么谈判最终也会以失败告终。所以真正高明的谈判者总是在满足自己利益的同时，还重视和关注对方的利益满足情况。树立双赢的价值理念有助于谈判的最终成功。大家看一下下面的案例，想一想为什么老板最终能够顺利说服员工搬到郊区。

某杂志社位于市中心，旗下共有八名员工。由于房租上涨、运行成本增大，杂志社的利润不断减少。为了降低成本，杂志社老板打算把公司搬到郊区。但是员工们都在市区居住，如果公司搬到郊区，无形中会给员工的工作和生活带来很多不便。老板该如何通过沟通达到搬迁的目的呢？下面我们来看看老板和员工的对话：

老板：“大家先休息一下，我说个事。这段时间大家辛苦了，这周末我们到郊区去烧烤，放松放松怎么样啊？”

员工：“好呀！好呀！老板怎么去呢？”

老板：“这个大家不用操心，我开车带大家过去，吃的喝的大家都不用操心，公司报销。大家只要八点来单位集合就可以了。”

员工们在郊区闻着花香，听着鸟语，吃着烧烤，玩得很尽兴。周一上班了大家还在议论郊区的美景，老板也适时地加入其中。

老板：“大家想不想让自己的办公场所也那么优美呢？大家也知道现在市区的房租连年上涨，公司的利润空间不断被压缩，如果不能降低成本，那么公司不久就得关门了。为了降低成本，我打算把办公地点搬到郊区，就在大家昨天去的那个地方附近。当然，我知道大家的家都在市区，搬到郊区会给大家的工作和生活带来不便，为了解决大家上下班的问题，公司每个月会多发一笔公交补助金。单位有食堂，中午食堂给大家提供免费午餐。如果大家还有别的困难也可以提，只要公司能做到的都会尽量满足大家。一旦我们渡过眼前的危机，如果公司运营良好，未来我们还是会回来的！大家也说说吧。”

员工：“老板，我们都有孩子，每天都需要接送，如果到郊区怎么接送孩子？”

老板："我们到郊区以后，早上上班时间会由现在的八点改成九点，在保证完成工作的情况下，大家下午可以四点下班。这样就不会耽误大家回去接孩子了。"

员工："虽然搬到郊区会给我们的生活带来困难，但是老板什么都替我们想到了，现在公司困难，我们愿意与公司共渡难关。"

该案例中，老板在公司选择搬迁时，站在员工的角度适当考虑到了员工的利益，因此这次搬迁谈判相当顺利。该案例充分说明了谈判时谈判者站在对方角度考虑问题的重要性。

3. 谈判者要学会控制情绪和利用情绪

谈判时，谈判者情绪的好坏会直接影响其行为，并影响其判断能力和观察能力。研究表明，谈判者在积极友好的气氛中更容易达成合作，在愤怒的情况下则容易导致谈判破裂。高明的谈判者在谈判中不仅能够控制好自己的情绪，还能有效利用和调控对方的情绪。下面简述在谈判中应如何控制自己的情绪。

1) 时刻保持头脑冷静

在谈判时保持稳定的情绪对谈判的成功至关重要。因为人在情绪失控时容易作出错误判断。在谈判中要管理好情绪，时刻让自己的头脑保持冷静，尤其是在面对对方的故意相激(如临近签约，面对迟迟无法签约的你，对方会用语言相激，"哎呀，这么点的小事都做不了主，你们领导派你来干什么呀！")时，不要为了满足一时的虚荣心在情绪激动情况下作出错误判断。

2) 谈判者要将对事与对人分开

谈判中发生冲突的不是人而是事，但是在谈判中人们往往忽略这一点，最后由对事的坚持变成了对对方谈判人员的攻击，所以在谈判中谈判者要坚持把对事和对人分开。谈判者可以积极追求自己的利益，对事态度强硬，但对对方谈判人员一定要态度温和。人只有在获得尊重和友好相待时谈判才能顺利进行。

如果在谈判中出现对方情绪失控(排除我方出于策略故意激怒对方)的情形，可以采用以下几种方法来解决。

(1) 暂时休会。人们情绪一旦失控，就容易作出错误判断，此时采用休会方式及时为谈判按下休止符，无疑是较好的选择。如果对方情绪比较激动，再谈论下去就有可能争吵起来，此时若恰逢饭点，就可以先一起吃个饭。暂时休会，换一个环境，情绪也许就可以缓和下来。

(2) 允许对方发泄情绪。当对方情绪比较激动时，如果无法为谈判按下休止符，此时最好的做法就是当一个好的倾听者，允许对方把自己的情绪表达出来。在对方发泄情绪时，要适时地表达出对对方的理解，这样做虽然依然无法满足对方的需求，但是由于理解了对方的苦衷，又让对方的情绪得到了释放，这将有助于对方尽快平复情绪继续谈判。这种情绪控制技巧在售后服务中最为常见。

在谈判中，除了做好情绪的自控以及调控对方的情绪，还可以积极利用对方的情绪。高明的谈判者善于随时观察对方的情绪变化，通过情绪变化搜集对己方有利的即时信息，还善于利用对方的情绪(比如激将法的使用)使谈判向有利于己方的方向发展。

4. 谈判者要提高自己坚持到底的韧性

办任何事都需要有耐心，谈判尤其如此。提高坚持到底的韧性往往能增强自己在谈判中的力量。因为在谈判中，往往是急者败、稳者胜，缺乏耐心的人在谈判中通常是最先让步的人。

练一练

1. 毕业后你到陌生的城市工作，首先要解决住房问题，在某个小区你看到了一个房屋出租广告。请问：你在与房东见面之前应做好哪些准备工作？

2. 讨论以下案例，并回答是什么原因导致双方谈判的最终破裂，说一说对今后你参加谈判有什么启发？(训练提示：本案例旨在让同学们了解谈判不仅要考虑己方利益，也要站在对方的角度考虑对方的利益需求，不顾对方利益一味追求自己利益最大化往往会使谈判破裂；引导学生逐步形成合作共赢的价值理念。)

练一练答题指导

A 公司是番茄酱加工厂，2022 年番茄大丰收，农村合作社农民的番茄亟待出售，A 公司想借此压低番茄的价格。A 公司的老板断定当时农村合作社急需出售番茄，此次谈判只是价格多少的谈判，因此他给出了一个远低于番茄成本的价格，还表明拒不加价。A 公司的举动明显是在趁火打劫，结果激起了番茄种植户的愤慨，他们宁愿将番茄拉到城里自销也不卖给 A 公司。最终 A 公司购买番茄的计划以失败告终。

任务二 掌握谈判的语言表达技巧

课程案例

在一次招商谈判中，客户提出加盟其他商家的费用比我方优惠，一起来看一下招商经理和客户的对话。

客户："我觉得加盟 ×× 店比你们给的条件优惠，你们的加盟费是 10 万元，他们才要 8 万元。"

招商经理："您说得很对！其实还有更低的。您知道为什么吗？其实这就是让您投资我们项目的原因啊！一个投资 1 万元回报 5000 元的项目和一个投资 1 万元回报 1.2 万元的项目，您选哪个？"

客户："那当然是选投资回报率高的项目。"

招商经理："就是，就是，跟聪明人谈话就是轻松，不用我多说。哈哈，开店就是需要您这样有魄力的老板。您看如果没有其他异议的话，咱们就一块看看合同。"

一个招商合同就在这样愉快的氛围中达成了。

想一想

该案例中的招商经理在与客户谈判时使用了哪些语言技巧？

提示解析

招商经理在谈判中面对对方的质疑并没有急于否定，而是积极地对对方的观点表示赞同。这样做的好处是首先从心理上消除了对方的对抗情绪，然后通过高投资有高回报的核心利益打动了客户。在谈判中招商经理还通过适时地赞美对方赢得了对方的好感，使谈判在愉快的氛围中朝着自己预期的方向发展。

课前练习

作为一个柜台的化妆品销售员，柜台主打的就是抗初老化妆品。此时有一位带着 4 岁女孩的宝妈来到柜台前，此时销售员该怎么做？找两位同学分别扮演销售员和宝妈，现场完成此次销售谈判。

优秀的谈判者总是能通过精心组织的语言打动对方，为己方争取最大利益。学习并掌握谈判的语言技巧可以为谈判的成功提供很大帮助。那么谈判的语言技巧又有哪些呢？

一、谈判中消除陌生感赢得对方好感的技巧

高明的谈判者非常善于跟陌生的客户打交道，总是能够在谈判的开局就迅速消除彼此的陌生感并赢得对方的好感，让人一见如故，相谈甚欢。那么在开局中如何通过语言来赢得对方的好感呢？

谈判的开局

1. 说好寒暄语

恰切的寒暄能够使不相识的人相互认识，使不熟悉的人彼此熟悉，为双方进一步合作架设桥梁，沟通情感。下面先看一个案例：

某公司承包了一项工程，要在一年内建一座古色古香的酒楼。酒楼需要用到雕花的窗户。酒楼临近完工时，负责供应窗户的供应商老板高某突然说无法如约交货。为此，公司派业务员李云专门到潮汕与供应商高某洽谈。李云一进高某的办公室，就被眼前桌上的一个可爱小女孩的照片吸引到了。联想到前期搜集的资料里显示高某有一个 5 岁的女儿，李云猜想这一定是高某的女儿，便不由得夸赞起照片上的女孩。谈到女儿，高某一下打开了话匣子，原来他是老来得女，早年创业，家里穷，娶不上媳妇，直到四十多岁事业有了起色才成了家，45 岁那年好不容易得了个女儿，女儿聪明懂事。李云默默地听着高某讲自己的故事，还时不时地问起高某的育儿经。不知不觉已经 1 个小时过去了，高某谈得很开心。最终高某说："我自然是知道你此行的目的，只是没想到我们的见面如此愉快，你可以放心回去了，虽然按时交货对我有困难，但是我愿意为此而努力。"

李云轻而易举地获得了他所急需的东西，那些雕花窗户及时运到，酒楼也如期建成。

从以上案例可以看出，李云在与高某谈判时能够精心地选择寒暄话题，以高某的女儿为切入点引起对方的兴趣。在交谈中李云还做到了认真倾听，并适时地给予积极反馈。这些都给高某带来了极大的满足感，李云最终也实现了自己此行的目的。

可见，在谈判中寒暄时选择合适的话题是很重要的。那么有哪些话题适合在谈判时作

为寒暄语呢？作为开局时的寒暄语，至少要满足以下两个条件。第一，不容易引起双方争论。如果开局就争论起来，谈判就不会有好的气氛，没有好的气氛，谈判在一开始就会陷入困顿。那么，有哪些是不容易引起双方争论的话题呢？例如天气、自己的旅途经历、双方以往的合作经历等内容均可。第二，非业务性的中性话题。寒暄而不谈业务是为了先与对方拉近关系，弱化对立。非业务性的中性话题有哪些呢？例如文体新闻或者热播剧、球赛等。

需要注意的是，可以用来寒暄的中性话题虽有很多，但具体谈什么应根据谈判准备过程中对对方的了解来展开，一般选择对方感兴趣的话题展开效果会更好。例如，对方爱好下棋，则不妨从下棋谈起；对方是一个猫奴，则不妨请教对方一些养猫的知识。

2. 用好赞美语

在社交中没有人不希望获得赞美，在生活中大家也都喜欢那些认可自己的人，因此赞美不仅有利于消除谈判初期双方的陌生感，还有利于让对方产生好感，增加合作的意愿。例如，顾客试穿衣服时总能得到销售员的赞美，这种赞美不仅让顾客有了好心情，也增加了成交的概率。

那么在谈判中如何说好赞美语呢？

(1) 赞美要及时。在谈判中要适时地发出赞美。例如，顾客一换上新衣服就及时发出赞美。

“哎呀，这件衣服简直是为您量身定制的，您看这腰身多合适，还有这颜色，把您的肌肤更是衬得如白雪般。”

(2) 赞美要恰当。不当的赞美不但不会令人满意，还可能会损失客户。例如，对于一个对自己容貌缺乏自信的人，如果赞美她漂亮，很有可能被对方认为是讽刺。作为谈判者要能够准确找到对方的闪光点，并真诚地给予赞美。这样才会赢得对方的好感，使谈判在友好和谐的气氛中进行下去。

(3) 赞美要有新意。赞美者在赞美时应该善于发现别人没有发现的点。例如，如果对方的身高人人可见，赞美者若再赞美其伟岸，对方可能不会有什么感觉，因为夸对方明显可见的优点往往显得比较敷衍。此时可以转而赞美他的其他方面，比如其新发型、新衣服，甚至只是今天的好气色。赞人之所未赞，才更能体现赞美者对对方的关注。

二、谈判中的提问技巧

提问在谈判中的作用非常重要。谈判者可以通过提问来了解对方的需要，获取己方所需信息；也可以通过提问来表达自己的观点，引发对方的思考；提问还可以在关键时刻用来回避答复问题，转移对方视线。总之，提问在谈判中的用途极为广泛，但并不是所有的提问都是有效的，要想通过提问来实现自己的预期目的，必须掌握提问的原则，讲究提问的方式和方法。

（一）提问的原则

谈判中要想让自己的提问有效，应遵循以下原则。

1. 提问之前做好准备

不打无准备的仗，谈判的准备包括准备好要向对方提出的问题。提问是获取信息的常用手段，作为提问者，一定要先弄清楚自己想通过提问获取什么信息，然后才能有针对性地提出问题。而这需要提问者提前做好准备，在准备时尽可能详细地列出在谈判中可能会提到的问题，并在模拟谈判时进行实际演练。尽管提前准备的问题可能比较简单，但正是因为简单，对方在回答时会由于心情放松而更容易暴露他们的真实意图。

2. 要讲究提问的时机

问题提得再好，如果时机不对，也起不到应有的作用。那么，什么时机提问比较合适呢？提问时一般要注意以下几种情况。

(1) 在对方发言的时候，不要急于提问。从礼貌上讲，打断别人谈话是不礼貌的；从效果上讲，打断对方谈话无法完整了解对方的观点和意图，是不明智的做法。如果谈判过程中对对方发言的内容有质疑，正确的做法是先把问题写下来，等对方发言完毕后再提问。

(2) 利用对方发言过程中的停顿或间歇适时提问。在谈判中有时会遇到发言者的发言影响谈判进程的情况。例如，发言者过分纠缠细节而导致谈判进程受阻，此时可以利用对方停顿的空当适时发问，如“细节问题我们随后再谈，下面我们进入第二个议题，好吗？”

(3) 在自己发言前后提问。发言者在谈自己观点之前可以先以设问的方式对对方的发言进行总结。例如可以这样说：“您刚才的发言想证明什么呢？我的理解是……”。发言完毕后，发言者也可以利用问题询问对方的看法，“关于这个问题，我们的观点和立场已经陈述完毕，您对这个问题有什么看法呢？”

3. 注意提问的语气

谈判时提问的语气不同，效果也会不同。如果提问采用咄咄逼人的语气，容易给人居高临下之感，会引起对方的不悦，不利于协商。谈判中提问的语气应委婉平和。想一想以下两个问句，哪一个提问的效果更好？

① 关于这个问题，你还有什么要说的？

② 关于这个问题，请问您有何看法？

两个提问虽然问的问题都一样，但给对方的心理感受却截然不同。①采用的是审问的语气，给人一种居高临下的压迫感，令人不悦。②采用的是平和委婉的语气，给人的感觉是平等的协商，让人愉悦。

谈判中的提问要注意使用平和委婉的语气，只有这样才能体现双方的平等，让对方心情放松，愿意作答。

4. 注意不要触碰提问的禁区

谈判也属于社会交往，同样要遵守社会交往的基本原则，在谈判中不要涉及与这些禁区相关的问题。例如，事关对方隐私或者有敌意的问题，回避询问隐私如今在很多国家和地区已经成为惯例。

5. 要有追问的耐心和毅力

如果己方提出问题，对方不想回答或不便回答时就会采取回避问题或者采取顾左右而言他的策略，此时提问者要有耐心和毅力继续追问相关问题。

（二）提问的方式

了解提问的原则很重要，掌握和正确运用提问的各种方式和技巧更重要。提问的方式有很多。对于同样的一件事情，不同的提问方式可能会得到截然不同的结果。下面看一个案例：

一位教士在祷告时烟瘾难耐，有一次他向牧师询问："牧师，祷告时可以抽烟吗？"得到了牧师否定的回答。又有一次烟瘾难耐，这次他改变了提问方式，这样问道："牧师，吸烟时我可以祷告吗？"这次他得到了肯定的答复。

通过这个案例可以看出，同一件事情采用不同的提问方式可能会得到截然不同的结果，因此谈判人员必须掌握不同的提问方式。常见的提问方式有以下几种。

1. 证实性提问

证实性提问是指把对方的话用自己理解的词汇重新措辞后，再向对方提出，以期得到对方证实或补充的提问。例如，"你说的实木家具是不是指原材料是松木原木的家具？"

2. 选择式提问

选择式提问是指在提问时为对方列出备选项目，让对方在备选项目中选出答案的提问方式。例如，在某房地产销售中，业务员问购房者："您是愿意支付全款享受优惠价格呢，还是愿意按现有价格分期付款呢？"购房者需要在给定的选择中二选一。

3. 引导式提问

引导式提问是提出对结论具有强烈暗示性的问题，以引导对方，使其赞同己方的观点。例如，"这样的价格您会接受的，对吧？""违约要受到惩罚，您说是不是？"

4. 探索式提问

探索式提问是指谈判的一方为了获得更深一层的信息，要求对方就具体问题进行说明或者举例阐述的一种提问方式。例如，"刚才您要求我们用一流的价格购买你们二流的产品，您是否可以给我们一个合理的解释？"

5. 是非式提问

是非式提问是指需要对方明确表态时，采用仅仅要求对方回答"是"或"不是"的提问方式。例如，"您是否现在就签订延长一年的订货合同呢？"是非式提问有助于摸清对方的真实意图。

总之，提问要根据对方的反馈灵活调整内容。当问题使对方面露不悦或难色时要及时变换话题，否则容易使谈判陷入冷场或僵局。

三、谈判中的答复技巧

当对方提出问题时，谈判者就面临着答复问题。谈判中的答复意味着一种承诺，所以谈判人员在答复问题时必须谨慎，要掌握相应的答复技巧。下列技巧有助于提升答复的效果。

1. 答复前认真思考

在答复前，谈判者要对对方提出的每个问题进行认真思考，思考对方询问该问题的真实意图，考虑该问题对全局利益可能会产生的影响。另外，还要小心对方在看似不经意间通过提问来获取己方的关键信息。下面看一个例子：

中方某公司应邀到日本大阪与日方进行汽车出口技术谈判。一下飞机日方就对中方盛情款待，不仅邀请中方参观大阪的优美风光，领略当地的风土人情，还在中方被招待得十分惬意时随口询问要不要帮助中方订购返程机票。这时中方谈判人员随口将自己的返程日期告诉了对方，殊不知中方已在不知不觉中透露了自己的谈判期限，将自己置于谈判的被动地位。

总之，在谈判中谈判者对任何问题的答复都应冷静三思，弄清对方的意图以后再做回答，而且在答复中尤其要注意对敏感信息 (谈判期限、谈判的底线等) 做好保密工作。

2. 有选择地答复

谈判中的提问是搜集对方信息的有效手段。如果谈判者对所有问题都有问必答，会在无形中向对方透露很多机密信息。因此在谈判中，对对方提出的问题可以采用有选择的答复技巧。例如，当对方要求己方做价格解释时，己方可以以“这是商业机密”为由，只解释几个价格比较实在的部分，对价格弹性比较大的地方采取回避策略。

3. 含糊应答

当遇到一些比较棘手的问题，一时难以确切回答而又不得不回答时，谈判者可以运用含糊其词的应答法，即借助一些宽泛模糊的语言进行回答，使回答富有弹性。例如，“如果你的订货量足够多的话，价格还可以商量。”这里的“足够多”就使用了模糊语言，至于多少算足够多则可以依据个人理解，这样就为今后修改价格留有了余地。

4. 答非所问

在谈判中，问什么答什么未必是最好的答复。当对手提出的问题不好回答，或作出回答会带来某些风险或不利时，谈判者可采用“答非所问”的策略。这时可以先笼统地回答，然后再机智地把问题岔开。例如，“刚才你提出的这个问题很重要，我们也在认真思考解决办法，我方认为要想解决这个问题，首先要解决另一个更为关键的问题，这就是……”。

5. 以问代答

当对方提问是试图摸底时，这时就不便正面答复了。此时可以采用以问代答的形式，化被动为主动。例如，售货员面对顾客以探询底价为目的的提问 (“如果我一次买两件能不能优惠一些？”) 时，如果正面回答就会泄露己方关键信息，此时就可以采用以问代答来回应 (例如，“您真的要买两件吗？”)。

6. 沉默不答

答复也是有目的的。当沉默不语比正面回答更有利时，谈判者也可以采用沉默的策略。例如，当售货员提出“你对我们的报价是否满意”的问题时，如果不知如何回答，就可以采用沉默的策略，同时配合皱眉头的肢体语言，传达出自己对报价的不满。如果对方想成交，一般会自动进行二次报价。

谈判中，沉默不仅可以传达自己不满意的态度，同时还可以给对方制造心理压力。优秀的谈判者在谈判中应当适时地使用沉默的技巧来使己方获利。

四、谈判中的说服技巧

说服是设法改变他人初衷，在对方头脑中植入己方观点的谈判技巧。说服是充满挑战性的，因为观点的不同必然会遇到种种抗拒，说服的根本在于化解这些抗拒。一般来说，要想说服对方，在谈判中要注意以下几点。

1. 取得对方的信任是说服对方的前提

要想说服对方，取得对方的信任很关键。谈判者在谈判时如果能够消除对方的戒备心理，与对方建立良好的人际关系，取得对方的信任，就有相当大的机会说服对方。

2. 强调互利，激发认同

毫无疑问，相对于对方利益，每个人都更关心自身的利益。因此谈判者在说服对方时，应注意多研究对方的心理和需求，在谈判时不要只谈自己的理由，而应多谈对对方的益处。谈判者在说服对方时应注意以下几点：

(1) 向对方阐明接受己方意见能给对方带来的极具诱惑力的益处。比如，“购买我们的产品可以让您多用十年。”

(2) 向对方说明此次己方的提议并非人人可得、时时可得，从而让对方珍惜此次机会。例如，“这只是我们公司年终庆对老客户才有的报价，过了这三天就又恢复原价了。”

(3) 不必讳言此次合作自己可以得到的益处，这样更容易给对方留下真诚可信的印象。

3. 先谈容易解决的问题，再谈容易引起争论的问题

刚开始谈判双方投入都不多，如果上来就谈争议较大的问题，容易使对方由于畏难而退出谈判。先谈容易达成共识的问题有助于形成良好的开端，而随着双方人力、物力和精力投入的增多，谈判成本也在不断增加，此时再谈容易引起争论的问题，比较不容易使谈判破裂。

4. 说服者在说服时要注意先言利、后言弊

说服者在说服时应先言利、后言弊，通过对利弊得失进行比较，以利大于弊的结论说服对方。说服时不要只谈对对方有利的一面，弊端也一并提出，反而更能令人信服。

5. 多次重复某些信息或观点

一个消息或观点重复多遍，更能使人了解和接受。《三国演义》中诸葛亮的空城计就很好地利用了这个道理。面对司马懿来犯，诸葛亮此时已无兵可用，他就利用司马懿多疑的性格，又通过自己在城楼悠闲地抚琴以及大开的城门和几位悠闲扫地的老弱病残，就向司马懿呈现出了一个胸有成竹的假象。当然，这里诸葛亮释放的是假消息。在谈判中，能

够给对方带来益处的商品或服务，如果多次重复往往也更能让对方心动。

6. 以对方易于接受的方式、逻辑说服对方

以对方易于接受的方式、逻辑说服对方，更容易取得成功。例如，《触龙说赵太后》中，触龙在进谏赵太后时就采用了该策略。触龙是在赵太后明令禁止大家再就长安君为人质进行谏言以后来见赵太后的，在此种情况下，触龙绝无可能直接就长安君为质进谏，要想进谏成功就要抓住赵太后爱子这一心理，让她意识到真正的爱子是为子谋划长远。触龙在说服赵太后时先是抓住了对方与自己的共同点“爱子”来引发对方的共鸣。触龙借托子让太后自己提起爱子的话题，然后触龙又以激将法说太后爱燕后(太后的女儿)胜过爱长安君，并以太后自己的行动(虽然思念自己的女儿，却还是在每次祭祀祈祷时出于为女儿的长远考虑说“千万不要被赶回来啊”)来证明太后爱女儿胜过爱儿子，最终让太后认同了爱子就要为之计长远的道理，从而顺利完成了自己的进谏。

7. 用示范配合自己的语言

生动的示范以及令人信服的演示能大大增强语言的可信度，重复所说的话和用事实证明所说的话效果是完全不同的，示范是向对方证实己方产品确实具有某些优点的更好办法。例如，为了证实自己的油漆采用的确实是环保可食材料，销售者当场品尝油漆，一定会比反复说油漆环保可食更令人信服。

8. 利用好说服工具

谈判中，如果信息传递得当，就会增强说服效果。一般来说，面对面的交谈比纯文字材料或打电话的效果更好，因为当面拒绝对于大多数人来说总是更难以启齿的。当然，谈判中可以利用的说服工具很多。例如，各种权威资料(实验数据、销量报表、权威检验报告等)、模型样品、可视媒介物(示范表演、电影、幻灯片、灯光效果)，甚至合适的环境和时间都可以为自己的说服增加砝码。

五、谈判中的拒绝技巧

在谈判中讨价还价是在所难免的，当对方提出的要求己方无法满足或对方提出的观点与己方的观点相差太远时就会面临拒绝。拒绝总是令人不愉快的，严重时甚至会使谈判陷入僵局，导致谈判失败。高明的拒绝应在说出“不”的同时，赢得对方的理解并为双方继续谈判留下回旋余地。常见的谈判拒绝技巧有以下几种。

1. 间接拒绝法

直截了当地拒绝容易使双方关系恶化，甚至导致谈判破裂。在谈判中，面对对方的过分要求无法满足时，最好不要采用直接拒绝的方式，可以给对方的要求加一个条件，而这个条件是双方目前无法逾越的障碍。例如：“如果法律允许，我们没有异议。”“很抱歉，这个报价已经超出我们的承受能力了，除非我们偷工减料、以次充好才能满足您。”

障碍的无法逾越，也就暗示了对方的要求无法实现。这样做既委婉地拒绝了对方，又

能获得对方的理解。在谈判中，用来作障碍的条件都有一个共同的特点——无法变通，比如法律条款、规章制度、商业惯例或者无法接受的任何条件。

2. 迂回补偿法

迂回补偿法就是在拒绝对方的同时，在能力范围内给予对方某种补偿。毕竟谈判双方最关心的还是利益，断然拒绝往往会激怒对方，如果有所补偿就可以缓解对方的不满。例如，某化妆品的生产商对经销商说："这个价格真的不能再降了，你看我再多给你一些小样怎么样？你既可以用于促销，也可以拿来让顾客试用。"

在谈判中，经常可以用来作为补偿的方法有：某种将来情况下的允诺；某种未来有条件的让步 (例如，"这次实在是不能再降了，下次我给您打八折。")；某种未来的前景抑或是将来会提供的优质服务 (例如，"价格我们不能再降了，但我可以给您延长一年的质保期。")。

3. 先肯定再否定

人人都希望能得到别人的认同，谈判者在谈判时可利用这一点，在拒绝对方时先找到可以认同对方的点，然后再婉转地拒绝对方，甚至说服对方。即使暂时找不到可以认同对方的点，也可以先表达对对方观点的理解，以减少对方的对抗心理，在与对方形成共情之后再拒绝。请看下面的案例：

某培训公司经理面对家长以品牌知名度低为由希望降价的要求，经理坦然地说："正如你们所说，我们的品牌还很年轻，不是知名品牌，而且我们将大部分经费用在了师资方面，我们的老师都是清华、北大等名校的毕业生。我们从不在广告上多做投入，一直以来我们都是依靠家长的口碑做宣传，相信你们也是听了别人的介绍才来的。对学生的培养我们是高度负责的，但很抱歉，价格真不能再低了。"

在该案例中，培训公司经理没有直接否定对方的观点，而是在品牌知名度低这方面表达了对家长的认同，然后再委婉地告知家长，品牌知名度低的原因是将大量的经费都投到师资方面了，未做广告投入，这样不但改变了家长对品牌知名度低就是教学质量弱的观点，而且也让自己的拒绝降价更容易被家长理解。

4. 扮演弱者的形象

在交际中人们往往会同情弱者，谈判者也可以通过扮演弱者来博得对方的同情，使对方不好意思或不忍再坚持自己的观点。例如，谈判者可以说"如果我接受了您的建议，回去公司肯定会辞退我"。

六、交流障碍及其克服方法

谈判要想顺利，必须确保双方交流无障碍，事实上谈判者在交流时由于各种各样的原因容易出现交流障碍，而弄清这些原因有助于谈判者有针对性地克服障碍。

1. 造成交流障碍的原因

(1) 听者没有听清楚谈判者的话。在谈判中，听者可能由于自己精力不集中或者外界因素的干扰(讲话者声音小、音响设备失真、讲话者的方言或口音、讲话者说话缺乏内在逻辑等)而没听清楚谈判者的说话内容，从而造成交流障碍。

(2) 听者没能理解他所听到的内容。在谈判中，听者的不理解有可能是讲话者没讲清楚，也有可能是听者听不懂对方的专业术语出现了理解困难，或者是讲话者在交谈中只顾自说自话，没有洞悉对方的想法而造成了交流障碍。

(3) 由于对谈判者存在“偏见”而无法沟通。在谈判时，如果谈判者在谈判中用语不慎而伤害到对方的自尊心，就会让对方由于不喜欢这个发言者而无视他的讲话内容。

(4) 听者虽然理解了，但不能接受。这既可能是讲话者的原因，也可能是其他障碍造成的。如讲话内容出乎意料，听者无法接受。例如，“我真不敢相信，她已经离开了我们”。事实上她已经走了，但听者情感上无法接受这个事实。也有可能是听者出于自己的考虑不愿意接受。例如，当对方的报价较高，超出己方的预期底价太多时，出于维护自己利益的考虑而不愿意接受对方的报价。

2. 常见的克服方法

(1) 谈判者应避免使用影响双方交流的语言。谈判者应注意避免由于声音太小或环境嘈杂影响双方交流。交流时要保持声音洪亮，尽量使用普通话或对方能听得懂的当地方言进行交流。

(2) 根据对方反应及时调整自己的语言表达内容。在谈判中，谈判者应根据对方是否正确理解了自己的观点来随时调整自己的讲话内容和讲话速度。例如，在向对方介绍一些重要问题时要适当放慢语速，当发现听者走神时，应反思自己所讲的内容是否太过啰嗦，或者是否出现了对方不理解的词汇等。

(3) 如果出现人员信任危机，须临时换将。谈判者在交流时应谨慎发言，尤其不能说出有辱对方人格的话语，因为对方一旦感受到人格受辱，就会对与之谈判的人失去好感和信任。此时较好的办法就是临时换将，换另一个人继续跟其对接谈判。

(4) 试图换位思考。当己方的报价超出对方预期而令对方无法接受时，首先要弄清楚对方不愿意接受的真实原因。例如，是习惯性压价呢，还是由于自身目前实力不允许。如果是习惯性压价，就要在维护自身报价的基础上力图让对方看到自己的产品物超所值；如果是对方目前实力不允许(需要注意这里的“实力不允许”，主要是指一时手头没有那么多资金，而不是真正的没实力)，可以考虑能否从支付方式上寻求解决方案，例如，采用分期付款代替全款支付等。如果对方的困难克服了，沟通也就可以继续了。

总之，谈判中出现沟通障碍的原因是多种多样的，需要谈判者随时随地根据对方的反应及时作出调整和应对，弄清症结所在从而有效化解障碍。

七、倾听的技巧

在谈判中，谈判者除了陈述自己的观点，还要了解对方的观点和立场，而了解对方观点和立场的主要途径就是倾听。那么在谈判中如何做好倾听呢？

1. 倾听时要专心致志、集中精力

如果在谈判中未听全对方的发言，就容易错过或误解对方的讲话内容。导致谈判者无

法专心倾听的因素很多。例如，遇到自己熟知的话题时，谈判者注意力容易分散，或者谈判者由于忙着研究对策而未听全内容。

2. 谈判者在倾听时要及时做出反馈

谈判者在倾听的同时还应及时做出反馈，这些反馈主要包括：倾听时注视着讲话者，根据讲话者的讲话内容做出相应的表情以迎合讲话者。例如，微笑致意、赞同地点点头、不解地皱眉等，这些态势语言可以告诉对方自己在认真听讲，让对方有被尊重的感觉。

3. 要有耐心

对方发言时不要抢话，也不要在没有听完对方讲话的时候，就急于反驳对方的某些观点，这样做既是尊重对方，也是为了能更好地获取对方的有效信息。

4. 倾听时要做好笔记

俗话说“好记性不如烂笔头”，在谈判中做笔记的好处很多。

(1) 可以帮助自己回忆和记住对方的要点。

(2) 方便对对方的观点和信息做进一步分析，有助于理解对方讲话的确切含义。

(3) 可以随时记下自己的疑问，以便随后向对方提出质询。

(4) 可以给讲话者塑造重视对方讲话内容的良好印象。

八、沉默的技巧

在谈判中，不仅语言能表达自己的立场和观点，沉默也可以。人为的主动沉默可以给对方制造心理压力。例如，职场新人和老板在谈判薪资时，老板问职场新人想要多少薪水，新人说出了自己的薪资要求。老板对新人说出的薪资不做评论，只是保持了 1 分钟的沉默。结果，新人随后自动降低了自己的要求。这是为什么呢？因为新人没有扛住沉默给他带来的心理压力。但是，沉默并不是时时可用的，运用沉默技巧应注意以下问题。

(1) 运用沉默技巧时，要找到恰当的理由。在谈判中，谈判者常采用的沉默理由有：假装对某项技术问题不理解，或者假装不理解对方对某个问题的陈述。

(2) 运用沉默技巧时，要有足够的耐心。因为当双方都沉默时，先开口的一方通常就是会让步的一方。

九、谈判中无声语言的运用技巧

这里的无声语言主要是指态势语言和物体语言。任何沟通都涉及态势语言的使用，谈判者也不例外。谈判者一方面要利用好态势语言来辅助传达谈判信息，另一方面也要注意通过分析对方的态势语言来弄清对方的真实意图。态势语言的相关内容及其常见含义见前面相关章节内容。这里仅对谈判中常见的物体语言及其传达的信息作简单介绍。

物体语言是一种辅助表达手段，往往通过利用某种物体并结合人的不同姿势来传达不同的内容和含义。谈判中常见物体语言的内容及含义见表 6-1。

表 6-1 常见物体语言的内容及含义

物体语言的内容	物体语言的含义
手中玩笔	表示对所谈问题不感兴趣
整理资料	表示谈判告一段落或即将结束
双眼注视对方并不时地记笔记	表示对对方的关注
双手将身边资料一推，眼睛朝下或扭头看往别处，微微晃动脑袋	表示不满
记笔记时突然抬起眼睛，把笔一扔，目光有力地盯对方一眼	表示愤怒
摘下眼镜	表示对争论问题的厌倦

谈判中的物体语言比较复杂，需要人们在谈判实战中结合个人的阅历和经验来判断。在谈判中制造各种假象是常用的谈判手段，谈判者应在谈判开始之前细心研究谈判对手以往的表现，在谈判过程中认真观察并分析其含义。

无论是态势语言还是物体语言，反映的都是谈判者的个人形象，因此谈判者应综合利用这些因素，为自己树立良好的个人形象，并为整个谈判的顺利进行提供助力。

练一练

1. 一个妈妈要将一块蛋糕分给两个孩子，该怎么分？你能想到几种分法？哪种分法能够实现他们各自利益的最大化？请模拟两个孩子进行谈判。
2. 具有良好的谈判口才需要有什么样的心理素质？谈谈自己在哪些方面还需要加强。
3. 谈判中说服对方和拒绝对方的技巧有哪些？

练一练答题指导

项目七　职场应用——直播带货营销口才

知识目标

(1) 了解直播带货及其特点。
(2) 了解直播带货营销的本质。
(3) 了解直播带货营销对语言表达的要求及技巧。

技能目标

掌握直播带货的语言表达技巧，敢于在镜头前讲话。

情感目标

树立崭新的择业观，顺应社会发展需求，拓展就业渠道；培养自信、自立、自强的人格；树立遵纪守法、诚信经营的职业理念。

任务一　了解直播带货营销的本质

课程案例

抖音短视频平台有一个叫“县长组合－大山乐涛淘”的账号，是陕西省安康市岚皋县为推广当地农产品创立的一个账号。该账号的主播是岚皋县的副县长杨乐和冯涛，他们义务为当地农产品代言。杨乐副县长直播卖烤鸡蛋时，有网友问：“烤鸡蛋的蛋壳卖不卖？”杨县长当即就说：“蛋壳卖啊，买蛋壳送蛋清和蛋黄，这一盒是10个蛋壳，价格26.8元，10个蛋壳送您10个蛋清和蛋黄。”还有网友说：“杨县长脑子转得快，凭实力征服人！”“你咋这么优秀，我要点评产品，烤鸡蛋真好吃！”很多网友在直播间里催促运营尽快上架烤鸡蛋。这位风趣幽默、正能量满满的杨县长获得了很多网友的点赞加关注。

想一想

县长为当地农产品代言并做了带货主播，如果是你，会接受这样一份工作吗？你能否做好这份工作？

提示解析

县长做带货主播是时代催生的新生事物，杨县长凭借自己机智的头脑、出色的口才在短视频平台直播时圈粉无数。也许有人认为这位杨县长不务正业，也许有人瞧不上直播带货，但是带货主播这一职业的出现是时代发展的必然。作为普通人也可以为自己或者自己的店铺代言，成为一名优秀的直播带货主播，创造自己应有的价值。

课前练习

请以学习小组为单位，尝试以直播的方式售卖一款酸奶。

随着时代的发展和进步及科学技术水平的提高，销售由传统的线下实体店售卖方式转变为现今的互联网线上销售方式。近年来，短视频平台的崛起使得直播带货的销售方式逐渐普及并得到了大众的认可，也许未来线上销售会成为商品零售的主要途径，所以了解新的营销方式并掌握直播带货的营销口才是职场的必备技能。

一、直播带货及其特点

自从 2013 年新浪微博第一次推出“秒拍”，中国短视频的浪潮就开启了。十余年来，短视频行业如雨后春笋般蓬勃发展，并成为互联网巨头竞争的新战场。快手、抖音、蘑菇街、网易考拉、淘宝等都开通了直播平台，尤其是淘宝凭借着其强大的直播供应链条，曾占据电商直播的榜首。淘宝直播的某带货主播，曾创下“6·18”直播带货超过 5 亿元的纪录，显示出惊人的直播带货能力，创造出超预期的经济价值。商务部的商务大数据监测结果显示，2020 年上半年全国直播带货超过 1000 万场（次），活跃主播人数超过 40 万人，观看人数超过 500 亿人（次），上架商品数量超过 2000 万件。

网络直播即在线即时视频，它采用在现场架设独立的信号采集设备，将音频和视频导入导播设备或平台，再通过网络上传至服务器，发布至网站供人们观看。网络直播带货吸取并发挥了互联网的优势，利用网络视讯方式进行网上现场直播，将商品展示、商品功能演示等直接发布到网上，利用互联网直观、快速、表现形式多样、内容丰富、交互性强、地域不受限制、受众可划分等特点，加强商品现场推销的效果。现场直播结束后，还可以随时为用户继续提供重播、点播等功能，有效延长和拓展了直播的时间和空间。

直播带货的互动性较强，并且具有实时性和现场性。直播的时间跨度较长，有时会持续一天，例如“双十一”“双十二”等重要消费“节日”可能会 24 小时不间断直播。直播带货作为一种流量红利明显、平台政策倾斜、呈现效果更优的营销方式，在商品营销方式中占据越来越重要的位置，现已成为中国数字经济中活跃的表现形式之一。

二、直播带货营销的本质

传统营销较重视买方需求，一般会根据顾客的需求来设计产品、花色、品种、形态等，甚至根据顾客的需要进行定价、确定促销方式和分销渠道，及时传播消费者喜欢的市场信息，涉及从生产到销售的各个环节；在促销方面常采用降价、组合售卖、买赠等方式进一步刺激消费者购买。直播带货可以简单地理解为将线下销售转为线上直播销售，直播过程可以分为直播前的短视频预热(主播在社交媒体上预告待直播的商品及部分直播嘉宾)——直播过程(如开场打招呼，介绍售卖商品，直播结束等)——直播结束后社交媒体的反馈(如观众跟帖评论)。

直播带货将营销放在了线上的直播平台，与传统营销的区别在于采用的传播方式不同。例如，直播前的短视频预热其实就是一种广告宣传，对于产品营销来说，这种广告的成本非常低廉，但是效果较佳。直播过程中，主播往往以开场、暖场、互动、引导直播间分享直播链接开始；然后开始正式售卖商品，再重复流量、强调人设，根据需求与网友互动，发放福利，做爆品返场；最后约定下次直播时间，结束直播。分析直播带货过程，其包含了吸引顾客(引流)、促销(粉丝福利)、与消费者沟通(网友互动交流)、引导网友下单、完成交易等环节，其营销手段与传统的线下门店营销手段基本一致。

直播带货与传统营销方式相比，较明显的区别是：整个直播过程是消费者在主播的推销引导下，被动购买商品。传统营销模式是消费者有需求并主动到门店寻找商品进行消费，消费者购买决策的过程是由消费者主动发起的，整个购买决策通常是有计划、有目的的，并最终由消费者主动完成商品的购买。而直播带货恰恰相反，消费者的购买决策大都由主播发起，消费者在直播间的购买决策往往也是无计划的，是受主播推销和低价影响的冲动而购买的，所以可以说是被动购买。但无论直播带货采用何种促销方式，消费者是否为主动购买，其本质仍然是营销。在这场营销活动中，主播的带货话术和互动能力是带货能力的直接表现，甚至直接影响直播间网友的在线率和商品销售量。从传播学的角度来看，有声语言、无声语言和文字语言作为重要的信息要素直接参与直播带货双方的交易过程，主播和网友都可作为信息发出者和信息接收者，均可对信息进行解码和反馈，从而形成双向循环互动。这一互动过程以视频形式呈现或存储，这种交流包含了有声语言的重音、声调、语调等语言特征，手势、眼神、表情、身体姿势等态势语言，以及评论区的文字语言，这些交流共同置于商品、背景、设备、网络平台等环境中，从而形成一种网络视频的交流情境，即所谓的语境，搭建出一种新的营销互动模式。网络直播的互动不仅发生在直播间内部，还包括社交媒体上直播预热和直播反馈两个过程，预热、直播、反馈三者形成完整的互动链条，对于间接引发网友的购买意愿和促进直接消费具有重要的作用。

练一练

请结合生活实际，分享自己关注的某直播间；总结直播带货的整个流程，并作出详细的流程图。

练一练答题指导

任务二　掌握直播带货营销语言表达技巧

课程案例

某直播间带货的主播正在卖力地向网友们推荐一种营养价值较高的农产品加工制品，她对着镜头不断强调该产品的营养价值和品质。当评论区有网友质疑商品是否像她介绍的那么好时，这位主播竟然开始大喊，甚至用训斥的口吻说直播间的网友根本不懂该商品，今天的商品价格是最便宜的，还买一赠一。但是过了很长时间依然没有一位网友下单购买商品，直播间的人数也由之前的几十个变成了19个，网友透过手机屏幕看到了主播脸上流露出的挫败感。这场直播卖货显然是失败的。

同样是直播带货，阿文(郝邵文)在抖音平台开了“阿文小超市”，自己直播带货。与其他直播间里主播促销时大吼大叫的风格完全不同，阿文直播时，从来不着急，讲话慢条斯理，介绍商品娓娓道来，他因为“温柔”直播而圈粉无数。有网友说，听阿文讲话感觉很“治愈”。“阿文小超市”每次直播时直播间人数都很多，而且这个直播间没有现场改价的促销模式，小黄车里的价格都是定好的，可以随时下单，将购买的主动权交到了消费者手中。

想一想

同样是带货主播，他们直播的效果为什么会有如此大的差别？

提示解析

主播是电商直播带货销售环节的核心人物，主要以语言等形式直接向消费者推销、介绍商品。直播带货本质上是一种以多种语言形式互动为核心，以达成商品交易为目的的经济行为。主播的带货话术和互动能力是带货能力的直接体现，直接影响直播间的留人率和销售量。主播的个人素质和魅力也成为直播间风格的一部分。

课前练习

请以学习小组为单位，尝试选拔和推荐一位主播，并说一说作为主播应该具备哪些素质和能力。

网络直播带货从本质上来讲是一种营销，从另一个角度来看，其本质仍然是人际交流与沟通。让我们从沟通的角度重新认识直播。

直播时，主播主要采用语言沟通的方式来销售商品。在这里语言具有多种形式，主要的形式是有声语言配合态势语言共同成为网络主播采用的沟通工具；作为消费者，网友在直播时一般是采用文字方式在评论区与主播交流互动。尽管双方采用的沟通工具不同，但是可以达到双向互动的目的，这种沟通和交流相较于单向输出更为有效。不过线上购物与线下购物的最大区别是消费者无法直接接触商品，因此消费者获取商品信息的渠道主要依赖于主播的语言推销，商品网页详情和他人的评论是辅助消费者作出购买决策的重要工具。所以主播作为影响消费者购买商品的主要因素，应该具备一定的职业素质和专业能力。

一、带货主播应具备的职业素质

在互联网时代，自媒体发展迅速，人人都可能是网络信息的发布者。网络直播的门槛较低，除了专业主播和网红，普通人只要条件允许也可以做主播。网络主播主要集中在才艺展示、新闻评论、教育教学、情感交流、销售带货等领域，但无论涉及哪个领域，主播都应该遵守基本的法律和道德底线。若主播在直播间内呈现的语言粗俗、内容低劣或直播环境不美观，则会影响网友的观看感受，并会传达出负面的审美导向。虽然带货主播因为兼具了营销的使命，在言行举止上会有所注意，但是依然存在有些带货主播表现不佳的现象，这会直接影响产品的销售量。

要成为一名合格的带货主播，应该具备一定的职业素质。主播应该对自己在直播时的身份有正确的认知，直播一开始，主播就成为一个公开“被看”的人物，一言一行不仅代表自己，同时也代表着店铺或者团队的品牌形象，甚至是企业形象。尽管各直播平台也都有相关的检查机制，会在技术上规避一些敏感词汇，但是口语化的日常交流词汇不能完全被检测到，因此主播应自觉遵守相关法律法规和道德规范，注意用词规范、文明。

为规范直播市场，国家出台了《网络直播营销管理办法（试行）》《互联网直播服务管理规定》。2022 年 6 月，国家广播电视总局、文化和旅游部联合发布了《网络主播行为规范》，其中第四条规定：“网络主播应当坚持正确的政治方向、舆论导向和价值取向，树立正确的世界观、人生观、价值观，积极践行社会主义核心价值观，崇尚社会公德、恪守职业道德、修养个人品德。”第七条规定：“网络主播应当引导用户文明互动、理性表达、合理消费，共建文明健康的网络表演、网络视听生态环境。”第八条规定：“网络主播应当保持良好的声屏形象，表演、服饰、妆容、语言、行为、肢体动作及画面展示等要文明得体，符合大众审美情趣和欣赏习惯。”因此带货主播应该提高思想道德素质，在直播间里要传播积极正向的内容，规范个人言行，不盲目引导网友消费。

二、带货主播应具备的专业能力

带货主播在直播时偶尔也会出现“翻车”现象，有的主播不善言辞，说来说去只有单调几句对产品功能的介绍，而且讲话时没有激情，甚至面无表情，直播效果不理想；有的主播因为直播失误，影响了销售业绩。那么网络直播带货的主播应具备哪些专业能力才能减少“翻车”现象的发生呢？

(1) 语言表达能力。网络直播是一种线上交流，所以主播的基本功是语言表达能力，这包括语言的组织能力和口头表达能力。一个带货主播要能够清晰、流畅、准确地传达商品信息，同时还要能够根据不同的直播场合调整自己的语速、语调和用词。此外，幽默感和即兴应变能力也是口头表达能力中不可或缺的部分，它能够帮助主播在直播过程中更好地吸引和保持观众的注意力。

(2) 具备相关专业知识。无论任何领域的主播，他们都需要有一定的专业知识作为支撑。专业知识的深度和广度决定了主播能够在直播内容上给观众带来多少价值。因此，不断学习和积累相关领域的专业知识、熟悉和了解所售商品是带货主播的基本专业素质。

(3) 具有较好的互动能力。直播的一大特色就是实时互动，出色的带货主播需要具备与观众有效沟通的能力，包括回应观众的回复、问题和反馈，以及在直播中能引导话题和调节气氛等。良好的互动不仅能增强观众的参与感，也能形成较好的观众黏性。

(4) 具备强大的心理素质。作为公众人物，主播难免会遇到各种各样的回复和评价，其中不乏负面的声音，因此主播需要具有及时处理消极心态、挫折和负面情绪的能力。

(5) 具有良好的形象和气质。虽然形象不是衡量一个主播专业能力的必备条件，但较好的形象和气质，以及合理使用态势语言是对主播专业能力的有力加持，且对于吸引和留住观众有一定的帮助。这包括着装打扮、个人卫生以及直播环境的布置等。

(6) 具备基本的技术能力。 随着直播技术的发展，一些基础的技术使用能力也逐渐成为主播的必备技能。例如，使用直播软件、调整摄像头、设置音频设备等，掌握这些技能能够使直播过程更加顺畅，减少技术问题对直播的干扰。

(7) 具有创新能力。在内容同质化严重的今天，创新能力显得尤为重要。带货主播需要不断尝试新的直播形式、内容和互动方式，以保持自身的竞争力和观众的兴趣。

(8) 具有自我管理能力。良好的时间管理能力和自律性，能够帮助主播在直播过程中始终保持工作状态，同时也能确保充足的休息时间，防止过劳。

三、带货主播营销语言的特点

1. 信息性和娱乐性

在电商直播情境下，主播的语言承载和传播了较为丰富的信息，直播过程中主播向消费者提供有关商品的参数、评价等信息，会提高消费者的购物效率，还能给消费者提供正向的情绪价值，促进消费者完成订单。

主播语言内容具有娱乐性，是指主播在直播过程中能够让消费者感到有趣、轻松、愉悦，这种良好的情绪会在一定程度上使消费者对主播介绍的商品有更加正确、高效的感知，进而提升其购物效率，即提升用户的感知价值。

2. 说服力和感染力

1) 说服力

主播口头推介商品时，介绍商品的特点、功能、效果，强调商品的价格优惠、数量有限、附赠其他商品等，告知观众做好“抢货”准备，或者让后台技术支持打开链接，催促观众购买。直播带货主播介绍商品时，与一般平面广告或视频广告相比语言更加口语化，这样更能拉近与消费者的距离。带货主播将自己定位为商品供货商与消费者之间的桥梁，有的主播还会分享自己使用产品的感受，摆脱了传统广告由商品供货商说服消费者的模式，转为由中间人推荐，使得主播的话语更具有说服力。

2) 感染力

(1) 主播极富感染力的语言描述是吸引观众关注商品的重点，主要表现为大量使用程度副词和形容词，比如“超级美的”“非常好”“太美了”“在整个行业内部做到了 Number One”“业内口碑非常非常好”“巨美丽”“绝美”，这些在《广告法》中被禁止使用的词语在直播间里以夸张的效果呈现给消费者。

(2) 使用网络流行语或独特的形容词，如“氛围感”“浓郁”“复古感”“绝绝子”等，例如形容某款连衣裙“真的太仙了！”“穿起来真的是仙气飘飘”，这一类话语用于强调商品使用的效果，网络化语言的使用与网络环境更为协调。

(3) 使用比喻，让产品的使用体验具象化。例如“这款丝绒 999 口红，涂上它真的就像嘴巴上铺了一层丝绒，很软”“这个包包真的很轻，就像背了一朵云，完全感觉不到，逛街不会累，真的”。这些极富感染力的语言更具有引导性，增加了消费者的购买欲望。

3. 叫卖性

直播带货话术

直播带货本质是一场通过“带货”实现“卖货”目的的推销，既然是推销，就要采用必要的手段。例如依然延续传统卖货吆喝式的做法，尤其是主播群体在直播间里嘶吼式地叫卖，既营造了热烈的直播氛围，又强化了与观众之间的互动，增强了买卖的现实性。吆喝叫卖凸显出一定的号召性，主播通过近距离展示商品细节，举着商品关键信息的牌子，通常采用音量大、语速快、信息密集度高的号召话语，营造出紧张的购物氛围，再伴随现场整齐划一的“上链接”口号，营造了一种无形的购买场域。网络直播的叫卖还试图凸显购物行为的合理性，主播使用“家人们，帮帮主播冲到第一！”“买的就是快乐”等话语抓住观众的心理，让购物成为人们沉浸式的交际体验。

四、带货主播营销语言的表达技巧

网络直播带货往往单次直播时间长、商品量大、传播范围广，如果使用直白且平淡乏味的语言就难以吸引消费者，因此主播可以通过调整他们的语言内容，在一定程度上提高观众的参与度、信任度和兴奋度，进而提高销售额。语言内容的正确选择和运用能够在详细、全面介绍商品信息的基础上，调动观众的情绪，营造购买氛围，突出主播的个性和魅力。

1. 直播带货营销语言的基本表达技巧——讲好普通话

我们国家地域辽阔，语言多样，每个省基本都有当地的方言，普通话作为我国各族人民的共同语言，成为所有中国人互相沟通交流的重要工具。主播在线上直播，面对的是全国的网友，为了便于与网友交流，主播首先应该讲普通话，这是最基本的语言要求。主播不是播音主持人，绝大部分主播没有接受过相对专业的普通话训练，所讲的普通话会或多或少带有地方口音，有的主播可能因为自己的普通话不标准而感到不好意思，或者因此而缺乏自信。例如，某美食制作主播因为是四川人，直播做菜时，总是说："这个时候我们加入'尿酒'(料酒)。"每当他讲到这句话的时候，网友就会在评论区跟风似地刷屏"尿酒"，主播自己也不好意思，会和大家解释自己是四川人，说不清楚这个词，请大家多担待。可见作为主播讲好普通话是一项最基本的语言技能。但是，从另一个角度看，主播讲"尿酒"反倒比讲"料酒"给网友们留下的印象更深刻。很多主播会在直播间使用各种带有方言味道的"普通话"："你就回去吃吧，嘎嘎好吃！"，或者"大家请看仔细喔，这可是妥妥的高货喔"，抑或者"恁都放心了拍吧"。这些带有明显地方口音的普通话，都有较高的辨识度，反倒能够给网友们带来些许快乐，在某种程度上网友会因为主播的语言特点成为该账号的粉丝而持续关注。有些直播间的主播因为不会讲普通话，只会讲少数民族语言或者当地方言，直播时还要搭配一名会讲普通话的主播共同直播。因此，作为主播，标准的普通话表达是开展有效营销的基础条件。

2. 直播带货营销的进阶语言表达技巧——口语化、生活化、网络化的语言表达

直播中主播采用口语化、生活化、网络化的语言表达，可以拉近主播与网友间的距离。直播的实质仍然是语言交流，交流的是信息和情感。从传播学的角度来看，当主播作为信息的发布者，向网友们传达了商品信息后，网友们作为信息的受传者一般会积极地向信息的发布者给予反馈。同时，在信息传递的过程中还交流了情感。因此，主播在直播时尽管不能和网友们面对面进行语言交流，但是直播间的互动仍然是双向的，主播的信息传播和情感表达，网友可以感受到并可以使用文字进行反馈。这样就需要主播在直播时时刻关注网友在评论区的留言，关注他们提出的问题，找到他们感兴趣的话题，并用生动、亲切的口语，拉近与网友的距离，尤其是在语言表达方面要选择生活化、网络化的语言引起网友的共鸣。例如，主播会称粉丝为"花栗鼠""宝子们"，推介新品时会问："大家是不是没有 get 到这款新品的优点？我来跟大家说说这款新品。""没有听明白的宝宝扣 1。""觉得主播讲得好的扣一波 666。"

带货主播在直播间的主要功能是推销售卖商品，主播除了使用口语化、生活化、网络化的语言介绍商品功能，还应根据不同的商品进行语速、语调的变换，以及重音的变化，打破"直线式"的沉闷直播，使直播语言更加有生气，从而留住更多网友。

3. 直播带货营销的高级语言表达技巧——无声语言与有声语言配合，体现个性化的语言表达

直播带货的本质是营销，而营销的最高境界是抓住消费者心理，与消费者在情感上建立联系，从而完成商品售卖的过程。要想达到这种境界，主播应该用真诚的心态面对网友，将网友看作是身边的朋友，从内心出发，站在消费者的角度来对待直播营销，用个性化的语言、表情和神态来面对网友。虽然主播与网友隔着手机屏幕，但是网络将双方联系

起来，当双方达到情感共鸣时，网友会被主播的个人魅力所吸引，从而心甘情愿地主动下单，完成商品售卖活动。

在语言表达方面，主播应根据售卖商品的品类和个人气质选择合适的推销内容和语言表达方式，并采用无声语言和有声语言相互结合的方式提升整体直播效果，轻松愉快地完成直播带货。例如，某直播间主要售卖宝石和玉器，在直播的同时主播与网友们进行连线，免费为网友的藏品进行鉴定。直播间里，两位主播穿着中式服装，戴着古装帽子，还使用扇子、快板等道具，用说快板或说相声的方式对网友的玉器进行鉴定和点评，有捧哏、有逗哏，整个直播过程主播的表情丰富、动作夸张，将轻松快乐的情绪自然地传递给众多网友。在交流互动中，直播间的气氛异常活跃，网友数量不断增多，而且直播间的商品还出现了“不够卖”的现象。

不同的主播直播的风格和形式不同，业绩较好的主播往往采用个性化的语言和动作，将有声语言和无声语言结合得游刃有余，以增强信息输出和情感交流的效果，在情绪上感染网友，让网友们在直播间里得到快乐，最终将更多网友留在直播间，以达到直播卖货的目的。

练一练

1. 请以小组为单位，挑选 15 件可以在直播间售卖的商品，模拟一场真实的直播带货。小组成员需要分工明确、责任清晰；对直播过程进行录像；直播结束后观看录像，并总结经验和不足。

2. 根据直播带货的实训经验，总结直播中开播、引流、互动、催单、下播的话术。

练一练答题指导

参考文献

[1] 刘飞，张笛. 演讲与口才［M］. 上海：上海交通大学出版社，2019.
[2] 徐京魁，程杏花. 演讲与口才［M］. 长春：吉林大学出版社，2017.
[3] 梁艳. 演讲与口才［M］. 长沙：湖南师范大学出版社，2011.
[4] 王宏佳. 演讲与口才［M］. 3版. 北京：教育科学出版社，2021.
[5] 谷岩，裴哲. 口才与演讲实训教程［M］. 长春：东北师范大学出版社，2014.
[6] 钱和生. 演讲与口才实用教程［M］. 北京：中国传媒大学出版社，2009.
[7] 刘文广，张晓明. 商务谈判［M］. 2版.北京：高等教育出版社，2009.
[8] 朱晓杰. 有效销售的22个关键［M］. 北京：中国商业出版社，2005.
[9] 李莉，刘芳. 商务礼仪［M］. 镇江：江苏大学出版社，2022.
[10] 高乃尧. 普通话教程［M］. 镇江：江苏大学出版社，2022.
[11] 王宇波，潘丹婷. 直播带货中的多模态语言互动［J］. 语言战略研究，2022，7（3）：34-46.
[12] 王红，陈惠琳，谢嘉茜，等. 直播带货情境下主播语言内容特征对消费者购买意愿的影响研究［J］. 管理现代化，2022，42（6）：59-65.
[13] 童海君. 商品摄影与短视频：策划、制作、运营［M］. 北京：电子工业出版社，2020.